AF248398

ALLIANCE DES PEUPLES

SOUS LA BANNIÈRE DU CHRIST,

POUR

L'ABOLITION DES GUERRES.

Louviers, Imp. Delahaye fr — 1.70

ALLIANCE DES PEUPLES

SOUS LA BANNIÈRE DU CHRIST,

POUR

L'ABOLITION DES GUERRES,

SUIVIE

D'un appel à l'honorable M. CRÉMIEUX,

Membre du Gouvernement provisoire,

Et prière adressée aux puissances civiles et religieuses de prendre les lois du Christ pour base du droit entre les nations et pour lien entre toutes les religions, afin d'établir une paix durable par toute la terre.

(Par l'auteur du *Grain de Sénevé*.)

—◆—

La nécessité d'une juridiction internationale pour maintenir la paix dans le monde, reconnue par lord Nordwater.

—◆—

« Le monde s'écroule parce qu'il a oublié
« que la loi divine est le fondement sur
« lequel repose la société humaine. »
(PAROLES DE PIE IX.)

Vendu au profit des familles tombées dans la misère, victimes de la guerre ou de la stagnation du commerce.

AVANT-PROPOS.

La guerre et le droit international. — Retour à l'état sauvage.

Jusqu'à quand les peuples seront-ils forcés de se massacrer les uns les autres pour la cause des souverains? Peut-on regarder comme civilisées les nations qui ne trouvent d'autre moyen de s'entendre et d'obtenir justice que par la force, la violence et le nombre? chez lesquelles le droit n'est compté pour rien, mais seulement des faits accomplis.

Quand donc les lois du Christ seront-elles observées et prises pour base des traités d'alliance et du droit entre les nations et les individus?

Quand le pouvoir civil cessera-t-il d'exiger du citoyen ce que le Christ a défendu comme un crime? la violation du premier commandement de Dieu : « *Tu ne tueras point.* » Sanctionnant ce barbare usage de décider les questions par les armes, usage en contravention manifeste, non-seulement avec les lois de Dieu, mais encore avec les sentiments d'humanité et de justice qui sont un des attributs de la civilisation moderne? Nous appelons de tous nos vœux, la réunion de congrès européens et mêmes universels, dont la mission spéciale serait de discuter et juger les questions relatives aux droits réciproques des nations, qui étaient examinées chez les anciens peuples par l'Uléma. Une société internationale se forme, il est vrai, qui a pour titre le Congrès de la paix, mais sur quelle base est-elle constituée? Ne repousse-t-elle pas tout concours religieux? Au lieu de remettre en vigueur les

lois du droit, son but ne serait-il pas d'abroger toute loi. Car
c'est au nom de la liberté, de la fraternité que les démago-
gues de 93 guillotinaient des milliers de citoyens et s'empa-
raient de leurs biens.

Les leçons de la Providence, Dieu punit pour guérir.

En présence de ces horribles massacres des guerres civiles
ou étrangères, où l'innocent est victime et confondu avec le
coupable, où l'homme, transformé en bête féroce, a perdu
tout sentiment d'humanité. On reste confondu ! on est tenté
de se demander : y a-t-il un Dieu ? s'il existe, s'il est tout-
puissant et juste, pourquoi permet-il de semblables atrocités ?

Nous allons essayer de vous répondre. — L'homme a la tête
dure, il ne croit qu'à ce qu'il voit, qu'à ce qu'il touche, il ne
profite guère de l'expérience des autres, il lui faut sa propre
expérience et encore il l'oublie vite. Or, pour abolir l'usage
barbare de la guerre, il fallait offrir aux yeux des populations
un tableau assez saisissant des horreurs qu'elle entraîne après
elle. — Quant aux victimes innocentes qui succombent dans
ce cataclysme, oh, ne les plaignez pas ! elles sortent d'un sé-
jour d'épreuves et de souffrances où nous sommes tous exilés,
pour entrer dans la véritable patrie, où elles avaient mérité
d'être admises, ceux qui restent sont seuls à plaindre, mais
Dieu leur réserve d'immenses compensations : en outre la
leçon providentielle profite aux masses.

Grandeur morale du sacrifice.

Les victimes innocentes des querelles entre souverains
doivent-elles nous faire douter de la justice de Dieu ou de sa
puissance ? Non sans doute ; Dieu est tout puissant et juste ;
mais notre Seigneur Jésus-Christ nous a enseigné, par son
exemple, quelle force expiatrice était attachée au sacrifice vo-
lontaire, au dévouement, à l'abnégation. Les âmes d'élite se

sacrifient pour sauver l'humanité qui allait se perdre dans l'égoïsme de toutes les sensualités, mais qui, après cette terrible épreuve, se retrouvera régénérée ; leur générosité ne demeurera pas sans récompense. Une grande gloire s'attache au nom de celui qui s'est sacrifié pour la patrie, et il reçoit de Dieu une récompense qui centuple en joie ce qu'il a pu souffrir. Pauvre mère, qui pleurez un fils unique soutien de votre vieillesse, pensez à la sainte Vierge qui, elle aussi, pleurait au pied de la croix, son fils innocent, qui s'était sacrifié pour le salut du monde ! car alors le monde allait périr par la corruption, il fallait qu'il fut régénéré ; aujourd'hui, le même besoin se fait sentir ; il faut que les cœurs généreux sauvent la Patrie de l'envahissement de l'ennemi, il faut qu'ils ramènent l'homme au sentiment de ses devoirs et de sa dignité que beaucoup avaient oublié dans les jours de la prospérité des plaisirs et d'un luxe effréné, qui devenait un besoin tellement impérieux, que pour y satisfaire les caissiers emportaient les valeurs des banques, et que les Prussiens ont trouvé assez d'hommes à vendre, pour trahir leur patrie à prix d'or. Que des fils de famille ont assassiné leur père qui ne pouvait suffire à leurs dépenses extravagantes !

Symptômes de dépravation conduisant aux abîmes.

Enfin, la littérature elle-même est venue offrir les tableaux hideux des goûts les plus dépravés, des passions les plus perverses et faciliter les moyens de les accomplir. Tropmann a avoué que la lecture du Juif-Errant, d'Eugène Süe, lui avait inspiré l'idée de l'horrible crime qu'il a accompli et qui a épouvanté l'Europe. Enfin, depuis trois ans, 20,000 bandits infestaient la capitale, sans asile, ni autre moyen d'existence que le vol. On n'entendait parler que d'assassinats, de vols avec effraction pendant la nuit, on était attaqué dans les rues, même en plein jour. Ces bandits ont été chassés de Paris

dit-on, mais ils infestent les provinces, il serait bien à désirer
qu'ils fussent transportés dans nos colonies pénitencières, où
ils pourraient se régénérer.

Dans un pays chrétien et civilisé comment peut-on expli-
quer l'augmentation prodigieuse des crimes? Ne serait-il pas
nécessaire de s'enquérir dans les bagnes et les maisons de
détention si le criminel a reçu une instruction religieuse? s'il
a été baptisé catholique ou protestant, s'il est né Juif ou
Musulman? comment il a été élevé? D'après cette enquête on
pourrait conclure, à l'égard de ceux qui auraient reçu une
instruction religieuse, qu'elle aurait été inefficace et n'aurait
pas atteint le but que doit se proposer la religion.

Le vicaire du Christ présidant le congrès de la paix.

Y a-t-il incompatibilité entre les sociétés internationales
s'intitulant Congrès de la paix, et la religion du Christ? Nous
croyons que toute société qui ne s'appuie pas sur la religion
et sur les lois de la morale, qui ne respecte pas la justice, le
droit individuel, qui se laisse séduire par tout ce qui flatte les
sens, qui veut jouir à tout prix et récolter ce qu'elle n'a pas
semé, est destinée à périr dans l'anarchie. — Elle réclame
bien haut ses droits, elle oublie ses devoirs, elle s'attache aux
formes, aux mots, à l'extérieur, à l'apparence du bien général ;
mais elle n'organise que le despotisme et l'arbitraire; si vraiment la société internationale veut établir la paix dans le
monde civilisé, qu'elle prenne pour base les lois du Christ, et
pour juge des différents qui pourraient s'élever entre les nations, son représentant sur la terre, le Pape (1), seul souverain désintéressé dans les questions concernant les prétentions des souverains et des peuples. Le Saint-Père est à la
vérité prisonnier en ce moment, nous espérons néanmoins

(1) C'est Joseph de Maistre qui le premier a émis cette idée, reproduite depuis
par un protestant anglais.

que cet état ne durera pas ; mais nous allons juger de la bonne
foi de ceux qui ont prétendu que le pouvoir temporel n'était
pas nécessaire à l'exercice du pouvoir spirituel. Nous verrons
quelle liberté ils accorderont à ce pouvoir spirituel pour
s'exercer.

Collége des féciaux établi pour juger les différents entre les nations.

Le *Journal de Rouen* du 30 septembre annonce « qu'au
« congrès de Newcastle, sous la présidence de lord Northum-
« berland, lord Nordwaster a proposé une ligue des puissan-
« ces neutres destinée à constituer un parlement interna-
« tional ayant pour mission d'obliger les belligérants à se
« soumettre à son arbitrage. » — Havas.

Il y a un an que nous avons émis ce vœu dans un opuscule
intitulé : *Symptômes de régénération sociale et religieuse*, et
nous étions loin alors de nous attendre à voir éclater en
France une guerre aussi terrible, nous ignorions également
qu'un protestant anglais faisait un appel au Pape pour lui demander, à l'aide de son concile, de rétablir *le droit public des
nations*, lui rappelant qu'autrefois, dès qu'une difficulté s'élevait entre le pouvoir exécutif romain et un peuple étranger,
on remettait la décision au collège des féciaux ; que de nos
jours la Turquie est la seule nation de l'Europe qui ait conservé cette institution, que grâce aux délibérations de l'U-
léma, la Turquie n'a jamais porté la guerre chez ses voisins.
Nous avions lu aussi dans le *Journal de Rouen* du 28 septembre, que la franc-maçonnerie belge, s'adressant aux francs-
maçons de France et d'Allemagne exprime la même opinion :

« L'Europe entière, dit-elle, ne peut penser sans rougir,
« qu'après des siècles de civilisation, après une longue pra-
« tique du régime des lois, des peuples habitués à confier
« chez eux les moindres différents à la justice, repoussent

« entre eux tout arbitrage, et remettent leurs plus grands
« intérêts au hasard des combats et de la force aveugle ! »

Ces diverses autorités venant à l'appui de l'opinion que nous
avons manifestée il y a un an, lorsque nous n'avions à citer
que l'ouvrage sur la paix perpétuelle du bon abbé de saint
Pierre, qui alors était regardé comme une utopie, et celui de
M. Joseph de Maistre sur le Pape, émettant l'opinion que le
Saint-Père devrait être juge des contestations entre souverains,
nous nous empressons aujourd'hui d'analyser la brochure du
protestant anglais, dont nous avons parlé ci-dessus et qui
nous paraît venir très à propos pour prévenir d'effroyables
cataclysmes. Nous donnons auparavant un extrait de la lettre
des francs-maçons belges , dont nous venons de citer un
fragment.

Journal de Rouen du 28 septembre 1870 :

« *La maçonnerie belge aux maçons de France et d'Allemagne*
« *sur la nécessité d'abolir les guerres.*

« La guerre peut-elle continuer à ensanglanter l'Europe ?
« guerre terrible où les industries de la paix ont centuplé les
« forces de la destruction ? On pourra calculer le nombre des
« morts, ils se comptent par centaines de mille, évaluer les
« dépenses publiques, le déficit entassera milliards sur mil-
« liards. Mais comment apprécier les souffrances physiques
« et morales des deux peuples ?... Le deuil et la ruine, les
« veuves et les orphelins ! Les usines et les moissons détrui-
« tes, les pères sans travail, les mères sans toit et sans pain
« pour leurs enfants ! aisance changée en misère, les produits
« de longues années de science et de travail engloutis en un
« jour ! la faillite, la famine, les contagions étreignant l'Eu-
« rope, pendant que les villes brûlent et que les fleuves char-
« rient les cadavres ! tous les hommes civilisés ont le déses-

« poir au cœur !... mais l'homme est fait pour regarder ses
« maux en face, la raison doit en sonder les causes, exami-
« ner dans sa conscience quelle fut sa part de responsabilité
« dans le mal; quelle doit être sa part d'efforts, de sacrifices
« et d'expiation pour l'arrêter. »

La nécessité d'une juridiction internationale relative au maintien de la paix reconnue par lord Nordwarter.

« C'est une honte pour le siècle qui a inauguré aux exposi-
« tions universelles les produits du travail de l'intelligence, du
« progrès des lumières, qui commande à la vapeur, à la fou-
« dre, joint les mers en perçant les isthmes, rapproche les
« peuples, c'est une honte que ces mêmes peuples, à la moin-
« dre discussion d'intérêt, au moindre conflit d'orgueil qui les
« divise, brisent tous les liens de la nature, toutes les garan-
« ties du droit, de la légalité, et ne veulent d'autre juge que
« le canon ! tombant ainsi de la civilisation dans la barbarie !...
« Placée au-dessus des distinctions de parti de nation ou de
« race, de forme politique ou de secte religieuse, la maçon-
« nerie veut unir les hommes par un lien qui ne connaît point
« de frontières. Sa devise est : Respect des droits réciproques,
« liberté, fraternité et justice. »

Analyse de l'ouvrage d'un protestant.

En revenant à l'appel d'un protestant au Pape, nous avions,
comme lui, émis le vœu que le Saint-Père présidât une assemblée délibérante, composée de députés de chaque nation, afin
que les intérêts du plus petit état fussent représentés ; mais
nous craignons que les Chrétiens dissidents n'acceptassent
pas la présidence du Pape, à moins d'une nouvelle réforme
religieuse ; toutefois, d'après la profession de foi de divers
sectaires et dissidents, il nous a paru évident que non-seule
ment tous les Chrétiens, mais même les Juifs, consentiraient

prendre les lois du Christ pour base de leurs actes, c'est ce que nous avons cherché à prouver dans une brochure publiée au mois de mai dernier, sous le titre du *Grain de Sénevé* (1), et dans laquelle nous avons signalé la science comme renversant l'athéisme et le matérialisme. L'auteur de l'appel au Pape se plaint que la guerre loyale soit remplacée par des massacres décrétés par les gouvernements, il demande le rétablissement de l'Uléma (corps délibérant, chargé de l'examen des questions relatives à la guerre). Or, l'auteur s'adresse au Pape et au Concile pour leur demander de remettre cette institution en vigueur; il dit que la Turquie est la seule nation de l'Europe qui ne puisse entreprendre une guerre sans l'autorisation de l'Uléma, grâce aux décrets *(fetva)* de l'Uléma, la Turquie n'a jamais porté la guerre chez ses voisins, dit-il. Il affirme que la Russie dirige tout en Europe, que l'Angleterre lui prête néanmoins son appui, et qu'il suffirait de l'énergie des catholiques anglais pour arrêter les actes détestables et injustes du gouvernement. Retirez, dit-il, à la Russie la coopération active de l'Angleterre et sa puissance expire. La Russie ne prétend à rien, moins qu'à supplanter le Pape et à établir sa puissance spirituelle en Occident, comme elle est en possession de celle de l'Orient. (Ne pouvant apprécier la véracité de cette assertion, nous la citons sous toutes réserves), c'est probablement une calomnie comme celle de l'intention qu'on lui prête de profiter des embarras de la France pour s'emparer de Constantinople et de la mer Noire.

(1) Chez Lacroix et Cie, éditeurs, librairie internationale, 15, boulevard Montmartre.

APPEL

POUR

LE RÉTABLISSEMENT DU DROIT PUBLIC DES NATIONS.

Trois propositions sur l'œuvre du concile œcuménique.

> « Ce concile est *nécessaire* pour régler les
> « affaires du monde qui maintenant s'écroule,
> « parce qu'il a oublié que la Ioi divine est le
> « fondement sur lequel repose la société hu-
> « maine.) »
>
> (PAROLES DE PIE IX.)

L'auteur résume ainsi la violation du droit public des nations :

« 1ᵉ Passage des guerres légales aux guerres illégales (oubli du droit des gens) ; 2ᵒ il croit le rétablissement du *droit des gens* nécessaire pour sauver la société européenne ; 3ᵒ il pense que l'église catholique est capable d'opérer ce rétablissement ; 4ᵒ il demande que le concile œcuménique mette l'église dans l'alternative de proclamer le droit ou de sanctionner son infraction ; 5ᵒ il regarde l'institution d'un collège de diplomatie séculier à Rome comme étant de la plus urgente nécessité. »

Le droit des gens.

« Le droit des gens, est un code qui règle les rapports des peuples entre eux comme s'ils étaient des individus. La différence entre un individu et une nation ne réside que dans le nombre ; les droits, les devoirs, les obligations sont précisément les mêmes. Dans l'un et l'autre cas, la loi repose sur les dix commandements de Dieu et particulièrement sur les quatre suivants. Tu ne tueras point. — Tu ne déroberas point. — Tu ne porteras point de faux témoignages. — Tu ne convoiteras pas le bien d'autrui.

« Dès qu'une nation fait la guerre à une autre nation sans une impérieuse nécessité, qu'elle l'attaque, fait invasion chez elle, occasionne ainsi la mort d'individus innocents, le vol, la ruine de leurs propriétés ; cette nation viole les commandements de Dieu. Elle ne peut employer la force, pour obtenir même les choses justes, avant d'avoir épuisé tous les moyens de conciliation et de sécurité ; c'est cette loi que chaque peuple a le devoir de faire observer à son gouvernement, en cela consiste et se manifeste sa liberté ; en cela résident les seuls moyens qu'il a d'empêcher la guerre et de conserver la paix.

« En voici un exemple : Le Hanovre est envahi en pleine paix sans déclaration de guerre et sans qu'il y ait eu de sa part aucun acte d'agression. Par une série de trahisons militaires, il est conquis et annexé, tandis que l'Europe assiste indifférente à ce crime. La victime *n'en appelle point à la loi* (1) et les autres nations ne prennent point sa défense, oubliant que l'observation de la loi est la seule garantie de paix et de bonheur parmi les hommes et entre les nations ; qu'en la laissant tomber en désuétude, tout cesse d'être assuré et qu'il n'y a plus de sécurité nulle part. »

Rétablissement du droit public des nations.

« Aujourd'hui l'on soutient très-hautement et très-fatale-

(1) A qui aurait-elle pu s'adresser puisqu'il n'existe point de juges légaux, de tribunaux internationaux acceptés par les nations et à l'arrêt desquels ils consentent s'en rapporter ? C'est cette institution que nous appelons de tous nos vœux.

ment, que le droit de faire la guerre et de signer des traités appartient à la prérogative royale; cette initiative personnelle a souvent entraîné les populations dans d'incalculables désastres, un exemple de véritable piraterie fut l'invasion de l'Aghanistan... On peut regarder l'année 1838 comme celle où la guerre loyale cessa, pour être remplacée par des massacres décrétés par les gouvernements (1). L'urgence de faire cesser un pareil état de choses est évidente ; mais quel souverain est en mesure d'opérer ces réformes ? »

Rétablissement du droit public des nations par le concile.

« Si une autre église que l'église de Rome tentait cette entreprise, dit-il, elle ne rencontrerait, il est vrai, ni les dangers, ni les pièges qui attendent celle-ci, mais elle serait impuissante à en faire sortir le bien. Si l'église d'Angleterre proposait de rétablir le droit des gens, ce rétablissement ne lierait pas les peuples, mais seulement la nation anglaise. — Le concile ne doit pas avoir seulement en vue le dogme et la discipline, mais pour but principal d'arrêter le désordre général ; il s'adresse non-seulement aux catholiques, mais à tous les hommes. On sait que les états protestants furent invités à assister au concile de Trente par leurs représentants. Le droit des gens qui prime le droit municipal, et qui, en Angleterre, fait encore partie du droit du pays, n'a jamais été décrété par un statut du Parlement, ni promulgué par l'autorité royale, il a été expliqué dans les temps modernes par de simples particuliers, dont les principaux, Grotius et Vattel étaient protestants. (2) Leurs

(1) Nous croyons que l'on peut mettre au nombre des annexions injustes, celle de la Pologne, partagée entre trois puissances, celle des royaumes d'Italie, qui ont dépouillé le pape et trois autres souverains de leurs états.

(2) Le protestant Barneveldt étant de la secte des remontrants, eût en 1618 la tête tranchée par le parti des contreremontrants ; Grotius qui avait soutenu Barneveldt fut persécuté et exilé de la Hollande où les protestants lui rendent aujourd'hui pleine justice.

compilations s'étendent jusqu'aux lois des peuples païens, principalement celles de l'ancienne Rome ou le *Jus Gentium* était le droit commun, appliqué par une juridiction spéciale. C'est cette juridiction qui était chargée des procès avec les étrangers, à l'exclusion du pouvoir civil. Ni roi, ni consul, ni sénat, ni peuple, ne pouvait intervenir dans ces matières, pas plus qu'il ne pouvait déclarer la guerre ou la paix. On considérait en pareil cas le gouvernement comme une des parties engagées dans la querelle et ses actes étaient soumis à l'enquête ; dès qu'une difficulté s'élevait entre le pouvoir exécutif romain et un peuple étranger, on remettait la décision au collège des Féciaux, qui n'avait ni fonction, ni caractère public, mais qui était revêtu d'un caractère religieux. Si de simples particuliers sont devenus les législateurs et les bienfaiteurs de leurs semblables, que ne pourrait pas faire l'église de Rome, en entreprenant cette tâche qui lui serait facilitée par les nombreux matériaux préparés à cet effet.

« Il est vrai que l'Europe n'est pas toute chrétienne, une grande puissance mahométane occupe sur son territoire une des parties les plus importantes du monde géographique et politique. Mais loin d'être opposé aux vues du Pape, ce gouvernement s'y associe au contraire, et il est même le seul qui ne lui soit pas hostile. Cela tient, d'une part, qu'il est exposé comme lui aux attaques et aux combinaisons perfides des puissances (dites civilisées) et de l'autre, à ce qu'il a conservé dans sa constitution les lois et les pratiques qui prévalaient dans la Rome païenne ; il en résulte que seul, ce gouvernement s'est abstenu de comploter contre ses voisins ou d'intervenir dans leurs affaires pour détruire leur indépendance. Pas plus que les consuls et le sénat de Rome, le sultan, ni le divan ne peuvent déclarer la guerre, il leur faut l'autorisation de l'Ulléma par un *fetva*, comme il fallait aux autres celle des féciaux. Sans ce *fetva*, un sultan qui déclarerait la guerre ne trouverait personne pour lui obéir. La Turquie, sans son caractère et sans ses principes, eût pu être la plus dangereuse puissance de l'Europe par sa position géographique, si elle eût cédé au double attrait de faire des gains illégitimes et de satisfaire ses animosités.

Propositions d'envahissement faites par la Russie à la Turquie, qui refuse.

« En 1812, par exemple, quand, après avoir souffert des violences de la France et de l'Angleterre, la Russie lui proposa une alliance offensive, au moyen de laquelle leurs flottes auraient occupé la Méditerranée et leurs armées envahi la Lombardie ; on offrit en appât à son ambition, non-seulement l'Italie, mais encore les provinces méridionales de la France ; mais le divan eût-il renfermé un Beust ou un Bismark, toute leur ruse eût échoué devant les institutions qui soumettent les plans d'un ministre à l'examen public du divan et à la sanction d'un fetva légal avant de pouvoir être exécutés. Lors du traité de Belgrade, le grand visir dit aux ministres de France et d'Autriche : « Vous ne comprenez pas notre gouvernement ; « un ou deux hommes ne peuvent pas décider, comme à « Paris et à Vienne. »

« Dans l'origine, cette règle de l'état romain était celle de la société humaine, les Romains avaient copié ceux qui les avaient précédés, tels que les Etrusques, c'est encore celle que suit l'Angleterre dans la pratique ordinaire. Quand le gouvernement et la couronne elle-même ont un procès civil à intenter, ils paraissent devant les tribunaux britanniques absolument comme de simples particuliers. On suit la même règle en ce qui touche les opérations extérieures avec les étrangers. »

Nous répondrons que ni une nation, ni un homme ne peuvent être juges dans leur propre cause, et l'auteur convient bien que sa nation a violé plus d'une fois les règles de l'équité à l'égard des peuples dont il s'emparait; en revenant à la Turquie, l'auteur dit : « Il n'est pas douteux que la Sublime Porte accueillit avec joie la proposition du Pape pour reconstituer cette juridiction relative à la légalité des guerres ; et qu'elle fût amenée à la seconde de tous ces moyens. »

Légalité des guerres à établir.

« Au temps du Christ, les chrétiens vivaient sous la législation de Moïse. L'Eglise alors, obéissait à des règles posées pour diriger la conduite des hommes dans toutes les matières essentielles de la vie. C'est-à-dire : impôts modérés, charité, propreté, politesse ; l'islanisme, ainsi que toutes les religions primitives, suivit la même règle. Il décida les cas où l'on peut faire légalement la guerre, qu'elle portion de revenu l'on doit consacrer à l'aumône, etc. Dans l'absence de ces règles, vous pouvez avoir la civilisation, mais vous n'aurez pas un peuple consciencieux, vertueux, charitable, religieux, etc... La religion qui avait imposé ces contraintes fut sanctionnée aux yeux des hommes par ses bienfaits ; par conséquent, l'incrédulité qui se répand maintenant en Europe était inconnue. Par suite de la décadence, et grâce à la séparation du gouvernement et de la religion, celle-ci s'est retirée *dans les dogmes.* Dès lors le gouvernement séculier, rejetant la religion comme guide de sa conscience, s'est servi de son autorité pour sanctionner des crimes. C'est ainsi que la révolution et l'athéisme se propagent partout. Toutefois, ils n'ont pas encore envahi les nations qui considèrent la loi comme une partie de la religion, et n'acceptent pas la distinction admise maintenant dans la chrétienté entre la loi qui s'applique à un individu, et la loi qui s'applique à la société. Si le Pape est accepté comme juge de la légalité des transactions entre les nations, il modifiera le droit de paix et de guerre que s'est arrogé le pouvoir exécutif, qui, ne pouvant tout seul entraîner le pays dans la guerre, sera obligé de renoncer à ses plans ambitieux et à ses combinaisons diplomatiques. »

Irresponsabilité des ministres.

« Une fois empêché de tuer des hommes sur les champs de
bataille, les menaces des souverains ne pourront plus troubler le monde. Le rôle de la diplomatie aura cessé, le danger
et la crainte cessant, les établissements militaires devront être
réduits. Les. impôts diminués. Aujourd'hui, la responsabilité
des ministres a disparu, le bras du soldat est à la disposition
du conseiller politique, le soldat doit tuer lorsque le ministre
le lui ordonne, et la loi ne peut l'atteindre quand, après avoir
prêté serment d'obéissance à des ordres légaux, il obéit à
des ordres injustes. On permet aux ministres anglais de donner
de pareils ordres sans même en avertir le corps établi pour
conseiller la couronne dans l'exercice de sa prérogative de
paix et de guerre. Quelques blâmables ou désastreux que
soient les actes de ces agents, ils n'en sont point responsables, tandis que l'énorme puissance dont ils disposent sans
contrôle, les énormes ressources qu'ils puisent dans les impôts modernes et qu'ils transforment en troupes et matériel
de guerre, sont d'irrésistibles encouragements à céder aux
tendances qui les entraînent. Tandis que leurs actes sont reçus
comme loi, leur parole n'est point acceptée comme vérité ;
l'opinion publique est contre eux, — mais ils ne sont pas punis. Quiconque parmi eux, mettrait la main dans la poche de
son voisin, serait arrêté par la police. Pourtant ce même
homme peut envoyer à la mort des milliers de ses semblables (1), et fouiller dans des milliers de poches, sous prétexte

(1) Ceci nous rappelle la réponse d'un pirate à Alexandre, qui lui reprochait
d'infester les mers : « Parce que je fais le métier en petit, on m'appelle voleur,
« parce que tu le fais en grand, on t'appelle conquérant. »

d'impôts, sans avoir à en rendre compte et sans rencontrer d'opposition (1). »

Une guerre illégale est un assassinat.

« Pendant les trente dernières années, il y a eu en Europe quelques personnes qui ont compris qu'une guerre illégale est un assassinat ; mais nul n'a vu que cette effusion du sang, que ces révolutions anormales sont causées par l'irresponsabilité des ministres ; l'Eglise de Rome, si elle est prise pour juge des différents entre les peuples, peut excommunier la partie qui a tort. Un gentilhomme ne veut avoir aucun rapport avec un malhonnête homme, c'est une sorte d'excommunication que la société prononce contre lui ; voilà la sauvegarde de la morale publique et privée. La vraie entrave à imposer aux ministres, c'est que le crime public, étant aussi un crime privé, les hommes honorables ne s'associeraient pas avec eux. L'Eglise de Rome n'est co-existante avec aucun état, ses décisions n'ont point de rapport à sa situation particulière, elle ne fait point de guerres injustes ni aucune espèce de guerre, n'ayant jamais fait usage de sa puissance pour étendre ses limites, alors même que cette puissance était la plus grande de l'Europe, et n'ayant pris part à aucune de ces opérations diplomatiques, qui aujourd'hui sont dirigées contre l'indépendance non-seulement des petits états, mais même des plus grands. Les cinq puissances dangereuses, sont l'Angleterre, la Russie, la Prusse, l'Autriche et la France. Les trois premières, qui ne sont pas catholiques, sont celles qui, selon nous, seraient les plus accessibles à l'action de la cour de Rome, car la France n'est catholique que de nom. » (C'est un Anglais qui le dit.)

(1) Depuis ces opérations, qui datent de l'entrée de lord Palmerston aux affaires étrangères, et du sacrifice de la Pologne, les charges de guerre ont triplé en Europe.

La puissance de la Russie soutenue par la coopération de l'Angleterre.

« Retirez à la Russie la coopération active de l'Angleterre, et non-seulement sa puissance expire, mais celle de l'Angleterre commence à se rétablir (1). Rome a encore des sujets spirituels en Russie et en Prusse, elle en a quelques-uns en France, elle en a peu en Autriche et plus en Angleterre, tous ces catholiques, quoique disséminés, devront peser sur leur gouvernement pour lui faire accepter l'intervention de Rome.

« Quand la société civile bannit la religion, et rejette la révélation divine, la vraie notion, même celle de la justice, s'obscurcit et se perd ; la force matérielle prend la place de la justice et du droit, et certains hommes osent proclamer que la volonté du peuple, manifestée par ce qu'ils appellent l'opinion publique, constitue le droit suprême, indépendant de tout droit humain ou divin, et que en politique *les actes accomplis* ont force de loi et tiennent lieu du droit. — A ceux qui objecteraient à notre proposition, qu'ils n'adhèrent pas à l'Eglise de Rome, ni à aucune autre, nous dirons que ce n'est pas ici un dogme religieux, mais un principe de morale commun à toutes les religions et dont tous doivent reconnaître l'obligation et

(1) Eh bien, monsieur, tâchez d'amener l'Angleterre à votre opinion, à lui faire agréer la suprématie du Pape pour concilier les différents entre les nations, afin de supprimer peu à peu les guerres. Que par son ascendant sur la Russie, elle obtienne de cette puissance la même acceptation, et vous serez le bienfaiteur de l'humanité, car les autres nations, même la Prusse, ne pourront se refuser à ce que la Russie et l'Angleterre auront accepté.

Paris-Journal du 27 août dit qu'il y a 40 ans, le czar offrit à Charles X de prendre les bords du Rhin et les Alpes et de faire avec lui un traité défensif et offensif qui allait être signé lorsque la révolution de 1830 renversa Charles X. Le journal signale l'attitude amicale de la Russie pour la France et déclare qu'elle ne souffrira pas que la Prusse s'empare de l'Alsace et de la Lorraine, elle demande l'adhésion de l'Angleterre qui garde le silence. En 1830, la Russie désirait Constantinople et aurait voulu s'assurer que la France ne s'opposerait pas à ce qu'elle s'en emparât, aujourd'hui nous avons le canal de Suez, la Russie désire encore plus Constantinople, ainsi que la suprématie en Italie, en lui donnant Rome pour capitale, voilà peut-être à quel prix la Russie consentirait à protéger la France.

la justice, car ce qu'on appelle l'opinion publique n'est que l'adoption d'un système nouveau à la place du droit ; les catholiques de nom acceptent, comme ceux qui n'appartiennent à aucune religion, comme les sceptiques ou les dissidents, les actes les plus illégaux, lorsqu'ils sont accomplis, ils ne protestent pas plus que les autres contre les crimes publics ; bref, la séparation de la religion d'avec la politique, a eu pour effet de supprimer toute différence dans la pratique et dans la théorie, entre le croyant et l'incroyant, l'un et l'autre sont arrivés à une soumission servile, de ce principe immoral et inhumain (1). Sous ce rapport, la doctrine de l'infaillibilité de l'Eglise catholique est d'un grand secours. On a pourtant soulevé une objection, sur ce que c'était là une œuvre étrangère au Concile, et qu'elle ne ferait qu'empiéter sur l'œuvre régulière qui lui incombe, mais nous répondrons : *Il n'y a pas d'autre œuvre devant le Concile* » Ou du moins, c'est la plus importante. Nous pensons également qu'il serait bien à désirer que les questions de dogme ne vinssent qu'au second rang, et que celles de la morale, du droit, du devoir, mis en oubli, passassent en premier, puisque d'elles dépendent le sort de l'humanité tout entière.

Le soutien du droit n'est pas une œuvre étrangère au Concile.

« En Orient, le Pape a fait *proprio motu* un changement considérable, il s'est attribué la nomination directe des évêques sans consulter les communautés de l'Orient, ni le Consistoire, ni l'*Academia sacra* à Rome. S'il a pu faire cela sans l'intervention du Concile, à plus forte raison, peut-il trancher les points secondaires. Dans la position actuelle, le Concile, selon nous, doit traiter à la fois des matières spirituelles, judiciaires

(1) M. Arnaud de l'Arrière, dans son ouvrage intitulé *la Révolution et l'Eglise* voudrait, au contraire, une séparation plus complète entre l'Eglise et l'Etat, prétendant que les deux pouvoirs s'entendent pour violer la liberté de l'individu et de sa conscience.

et politiques, il doit anathématiser les crimes, qui sont des péchés mortels, quand ils se traduisent en actes, et des hérésies quand ils existent dans les principes et les convictions ; le Pape l'a déclaré lorsqu'il a dit qu'il voulait empêcher la société humaine de tomber en ruine. Ceux qui songent aux dangers dont l'Europe est menacée, à cause des successions héréditaires, et des alliances matrimoniales entre maisons royales, surtout depuis les nouveaux arrangements dynastiques en Danemark et en Grèce, considérèrent avec satisfaction que le Pape n'est point un souverain héréditaire, et qu'il ne peut contracter mariage ; malheureusement, il y a des influences qui agissent du dehors, et il peut arriver telle circonstance où la souveraineté élective du Pape, au lieu d'offrir des garanties, présenterait au contraire les plus grands périls. »

Le ministre d'Autriche Beust, candidat de la Russie, s'est déclaré contre le Pape.

« L'auteur dit que la France, l'Autriche et l'Espagne possèdent le droit *de veto* à l'élection d'un candidat, que le ministre de l'Autriche doit sa position à la Russie, qui s'est ouvertement déclarée contre le Pape Qu'un ambassadeur russe a gouverné à Madrid comme autrefois à Varsovie.

« Il est clair que le sort de l'église catholique peut dépendre de l'élection du prochain Pape, qu'il serait à désirer que le Concile se rattachât immédiatement à cette élection ; or, la violence avec laquelle la Russie a dénoncé le Concile, la monstruosité des prétentions qu'elle a mises en avant à ce sujet, s'expliquent par la crainte qu'il n'eût pour effet de soustraire l'Europe à son contrôle. »

Le czar craint que le Concile n'enlève l'Europe à son contrôle.

« Les vues de la Russie embrassent les siècles, ses mesures sont visibles en 1795 ; à cette époque, la France, l'Angleterre, l'Autriche, l'Italie et la Révolution, ont été appelées successivement à jouer leur rôle aveugle, servile et mortel, rôle de dupes agissant dans l'intérêt de la Russie (1). Ces nations, dépourvues de loi en elles-mêmes, ne voient pas le danger. Ce sont les commandements de Dieu qui éclairent, et ce n'est qu'en rétablissant la loi divine et humaine qu'on peut échapper au danger actuel et terrible, dont un des symptômes est la *corruption des mots*. Pourquoi substitue-t-on, les mots de pouvoir temporel, à celui de souveraineté, quand il s'agit du Pape, et du Pape seulement? Personne ne parle du pouvoir temporel de l'empereur de Russie, de la reine d'Angleterre, du sultan, qui joignent le pouvoir temporel au spirituel et disposent des biens de leurs églises. Si donc la souveraineté du Pape a reçu une désignation spéciale pour lui seul, c'est qu'une intention insidieuse se cache là-dessous. Cette intention, est de la priver de cette souveraineté en faisant croire qu'elle est différente des autres ; de là peuvent naître des discussions, dont les bases excluent toutes les nations admises de droit. »

Les dupes travaillent pour le désordre poussées par la Russie.

« Il s'en suivra que des hommes qui rejetèraient comme folle la proposition d'enlever la couronne de la reine d'Angleterre ou de la reine d'Espagne pour la donner à Victor-Emmanuel ; accepteraient et approuveraient la même proposition touchant le Pape, parce que, diraient-ils, nous voulons purifier l'Eglise de toute souillure temporelle, nous voulons, dans son intérêt, qu'elle ne soit que spirituelle. Ainsi, toute une classe de personnes pieuses se trouverait engagée à faire cause commune avec ceux qui cherchent à abroger toute loi, à révolutionner tout gouvernement, à détruire toute croyance,

____

(1) Nous déclarons ne pas prendre la responsabilité de cette appréciation formulée par l'auteur anglais.

qui non-seulement travaillent pour le désordre, mais qui se l'avouent à eux-mêmes D'autres voient dans cette opération le renversement de l'église catholique, et dans l'espoir de gagner des adhérents au protestantisme, ils créent ainsi l'unité de l'Italie.

« C'est ainsi que l'Angleterre tout entière, ne s'est pas contentée d'aider les atroces procédés dont l'Italie a été le théâtre; mais elle s'est prosternée devant l'homme choisi *(par elle)* comme l'instrument de ce dessein (1), bien que comme homme il ne possède aucune des qualités propres à le faire admettre dans la société des personnes respectables, et les partisans de la souveraineté du Pape, au lieu de montrer la fausseté des termes employés par leurs adversaires, d'exposer l'immoralité de leurs procédés, au lieu de démasquer la perfidie de leur dessein, et les fatales conséquences qu'il entraîne, accepteront le terme, ce qui est tout accepter, et leur point de ralliement sera le maintien du *pouvoir temporel.* »

Indépendance du Pape nécessaire aux protestants.

« Ainsi, un candidat favorable au pouvoir temporel peut être accepté par un consistoire futur, et pourtant il peut être l'agent choisi pour trancher le nœud de ce merveilleux pouvoir spirituel, lequel, privé de la souveraineté dans le sens de la possession territoriale, ne pourrait qu'être sous la dépendance de quelqu'un des gouvernements de l'Europe. C'est ainsi qu'en *ont jugé les gouvernements protestants. Ils ont toujours soutenu que l'indépendance du Pape était pour eux un point vital,* puisque son influence spirituelle profiterait à la puissance catholique qui le recueillerait, et tournerait au détriment des autres (2). C'est ainsi qu'en 1814-15, elle parvint à la complète restauration des états et possessions du

---

(1) Garibaldi.

(2) Pourquoi donc l'Angleterre a-t-elle jeté Garibaldi en Italie pour y fomenter la révolution, et déposséder le Pape de ses états?

Saint-Siége. Les révolutionnaires, s'attendant à être accueillis par les gouvernements protestants, s'adressèrent à M. Bunsen, représentant de la Prusse, qui leur dit : « Qu'il était loin « de partager leur avis, par le motif expliqué plus haut. »

La Russie maîtresse du Danemark sans le paraître.

« Le Danemark est là pour servir d'enseignement à ceux qui veulent étudier la tactique de la Russie en paréille matière. Là, les puissances devaient se réunir pour proposer un candidat; mais les lois intérieures ont été violées pour le faire accepter. Il était désigné par la Russie, et pourtant elle s'est tenue à l'écart.

« Elle est maintenant maîtresse du Danemark avec l'avantage de ne point le paraître. Dans cette occasion, le mot de passe a été l'*intégrité du Danemark*. Cette vaste et profonde conspiration existait depuis quatre-vingt-cinq ans, et personne ne se doutait qu'on méditât quelque chose contre la couronne du Danemark avant le 11 mai 1852, où le traité fut annoncé dans le *Times*

« Pie IX réunit des qualités si éminentes, qu'il semble avoir été élevé providentiellement pour le besoin du monde; les difficultés viennent de son propre troupeau, également incapable de suivre la pensée et d'admirer le courage déployé en tant d'occasions par le plus grand pontife qui ait jamais occupé le trône de Saint-Pierre.

« Il y a un point qui exige une attention particulière et une solution prompte, en ce qui peut compromettre l'existence de l'église de Rome. Un prélat l'a dit en ces mots : « L'Eglise « est ignorante; et cette ignorance doit cesser. »

Le czar veut s'emparer du pouvoir spirituel du Pape.

« La Russie, ayant la prétention d'être l'église d'Orient, vise à la destruction de l'église d'Occident. On sait aujourd'hui qu'elle s'est servie de la révolution comme d'un instrument. Elle reconnaît ouvertement que pour renverser l'autorité spirituelle du Pape, elle a jeté l'Italie dans les mains du roi de Sardaigne (1). Il en est de même des autres convulsions de l'Europe et du monde qui ont été préparées par l'habileté de la Russie agissant sur l'opinion. Son habileté consiste à attirer du dehors des hommes capables partout ou on en peut trouver, et à les faire passer par une discipline laborieuse et savante, pareille à celle que les nations de l'Europe emploien pour former des légistes, des médecins, des ingénieurs.

« Si donc le gouvernement papal veut se défendre contre le gouvernement russe (si la défense est possible), et doit employer le même procédé que la Russie emploie, c'est-à-dire former des hommes (2). Grégoire XVI méditait ce projet, mais le temps lui a manqué pour l'exécuter; la croyance à la paix universelle prévalait alors, on croyait qu'il n'y aurait plus de guerres, mais on comptait sans l'ambition de la Russie (3). »

Collége diplomatique.

« Les diplomates russes ne cessent de combiner les moyens d'augmenter la puissance du czar. Quelques personnes que l'on connaîtra un jour dans des œuvres posthumes, on tempêché dans le camp opposé bien des projets de s'exécuter, ils ont arrêté la marche des évènements et donné à l'église de Rome, éclairée sur le danger quelle court, le temps d'agir enfin. Le Concile peut durer des années, et il suffit qu'un

(1) La *Gazette de Moscou* dit : « Il est nécessaire pour la Russie, que l'Italie soit unie, mais elle ne peut l'être qu'à Rome, sa capitale naturelle. » La chute du pouvoir temporel n'est-elle pas le triomphe de l'orthodoxie (église russe) à Rome même ?

(2) M. Stuart Mill.

(3) N'aviez-vous pas dit que le gouvernement anglais pourrait, en retirant son appui à la Russie, anéantir son pouvoir, et que les catholiques anglais pourraient aider le Pape dans sa mission ?

homme considéré dans l'état romain, soit bien informé pour
que la réaction commence. La Russie ne fait son chemin que
grâce aux *fausses mesures* des autres états (1), et celles-ci
résultent des erreurs habilement répandues. Les conseils per
fidement offerts, des nouvelles mensongères que l'on propage,
des traîtres que l'on emploie. Il suffirait d'un nonce bien
informé, d'un prélat, d'un prêtre, ou même d'un simple laïque
placé de manière à se faire écouter, pour démasquer ces
agents secrets. La Russie, pour mimer chaque état en particulier, n'a d'autre *instrument* que *les vices des hommes*. —
Pas un homme politique en Europe qui ne convienne : que la
Russie est plus adroite que tous les autres états ; (2) qu'il serait
très-désirable d'avoir un corps d'hommes, choisis et dressés
comme elle choisit et dresse ses diplomates, et que ses hommes pussent être initiés à ses desseins et à ses méthodes. En
Angleterre, la prérogative de décider la paix ou la guerre ne
peut être exercée que par le conseil privé, c'est parce qu'on
a substitué à ce conseil celui appelé du cabinet que le désordre s'est introduit et qu'on a entrepris des guerres inutiles et
injustes. »

Collége de diplomatie, étude du droit des gens.

« La diplomatie est née à Byzance. Le mot signifiait *duplicata*
et c'était ce que nous appelons maintenant *archiviste,* le re-
cueil des contrats, et non l'emploi d'agents envoyés récipro-
quement dans les différentes cours pour y discuter les affaires,
ce qui donne lieu à bien des abus (3).»

(1) Il est évident que la guerre actuelle entre la Prusse et la France profitera à
la Russie.

(2) On voit combien l'Angleterre a pour de la Russie.

(3) Le prince Adam Czartoryski, autrefois ministre des affaires étrangères en
Russie, en 1826, dit dans son ouvrage : (La Diplomatie). Cela passe toute croyance
que les nations permettent à un corps d'hommes ayant une autre conscience et un
autre Dieu, de disposer d'elles.

« A Rome, la *diplomatia sacra* qui rappelle le collège bysan-
tin, est consacrée à l'étude des concordats et à la jurisprudence qui en dépend, c'est par là que passent les nonces pour
se préparer à leurs fonctions. Or, elle pourrait devenir un collège de diplomatie séculière, où la jurisprudence et le droit
des gens seraient des études primordiales et fondamentales.

« Avant l'époque des guerres illégales, ces études n'étaient
point nécessaires, mais aujourd'hui elles deviennent de la plus
haute importance pour toutes les consciences. *Tout le clergé
doit être instruit des moyens légaux d'empêcher* la désorga-
nisation sociale. »

Conclusion.

« Le danger est proche. Il s'est montré sous les dehors les
plus alarmants et les plus révoltants. La cour pontificale doit
reconnaître à présent dans le destructeur de la Pologne, le
patron de la révolution, le directeur, l'inspirateur de tous les
gouvernements de l'Europe. Mais ce *cabinet a maintenant
jeté le masque et se proclame identifié avec l'unité italienne,
non plus seulement dirigée contre l'autorité temporelle du
Pape (comme on le prétendait d'abord) mais aussi contre son
autorité spirituelle.* En même temps, il prétend entrer dans
le concile œcuménique, non pour en faire partie seulement,
mais pour *remplacer le Pape et l'église d'occident, offrant sa
foi et sa force pour rendre à la religion l'harmonie et le repos
politique à la chrétienté* (1). Le courage ne manque pas au
Pape, il a déjà défié la Russie, il l'a dénoncée, il a congédié
son représentant ; le temps doit être venu pour lui de chercher
les moyens de la contenir et de la combattre. Tout serait assuré avec un homme tel que lord Stowel. Tout ce qu'on demande, c'est d'obtenir ce que l'on obtient d'une cour de jus-

(1) Nous faisons observer de nouveau que nous ne répondons pas de la véracité de ces appréciations que nous désirerions vivement voir démenties par les
faits.

tice anglaise. — A moins qu'on ne mette un terme à la marche actuelle, la chrétienté, après avoir passé par une longue agonie et des luttes intestines, *devra tomber sous le joug de la Russie et recevoir ainsi le châtiment qu'elle aura mérité par son incurie.* »

Combattre l'immoralité présente.

« Tuer sur un champ de bataille sans une juste cause, c'est assassiner; que l'église déclare qu'elle lancera l'anathème contre l'acceptation de toutes les causes de dégradation sociale ; qu'elle combatte l'immoralité présente, la dilapidation des finances, le despotisme politique, la rébellion et l'apostasie, enfin qu'elle s'occupe de rétablir le droit en faisant des hommes de conscience et d'honneur. Dix justes auraient pu sauver Sodome et Gomorrhe ; dix justes peuvent sauver l'Europe en empêchant successivement les actes par lesquels elle périt. — Le grand défenseur du droit des gens saint Jean Chrysostôme (serm. de Ebemosgna), termine par ces mots : « Puisse « Dieu, de qui seul tout dépend, graver ces choses dans le « cœur de ceux dont les mains tiennent les affaires de la chré- « tienté ; puisse-t-il leur accorder l'intelligence du droit divin « et humain, leur rappelant qu'il a été établi par lui pour « gouverner l'homme, sa créature la plus chère. »

Grotius a consacré sa vie à l'étude du droit public.

« Le protestant Grotius a employé sa vie à l'étude de ce droit public, alors obscurci et violé par les guerres et les animosités religieuses, il a aussi mis son cœur à l'apaisement des luttes religieuses et à la réconciliation des églises rivales, qui toutes reconnaissaient le Christ pour chef, il a dédié son ouvrage à Louis XIII, roi de France, catholique.

« Grotius en appelle à lui, au nom de la justice, afin qu'il fasse revivre les lois abandonnées, qu'il résiste à un siècle de décadence, et l'oblige à se soumettre au jugement du siècle antérieur que tous les chrétiens reconnaissent comme ayant été vraiment et sincèrement chrétien, et qu'il rétablisse ainsi la paix parmi les hommes. »

(Fin de l'analyse de l'appel d'un protestant au Pape.)

L'effusion du sang par l'abbé de Fourny.

Il cite à ce sujet l'opinion des Pères, des Papes, des Théologiens à ce sujet. — 1ers siècles.

« Saint Cyprien, évêque de Carthage, dit: Les hommes versent mutuellement leur sang et la terre en est trempée. Quand l'homicide est commis par des particuliers, c'est un crime ; quand il est commis au nom de l'Etat, on l'appelle une vertu. »

(Cité par Thomassin, ancienne et nouvelle discipline de l'église.)

Le soldat musulman comparé au soldat chrétien.

« Tertullien, se demande un chrétien, peut-il embrasser la profession militaire ? Je réponds : il y a incompatibilité entre le serment fait à Dieu (de ne pas tuer) et le serment fait à l'homme. — Saint Basile voulait que les laïques qui avaient tué en guerre, s'abstinssent, durant trois ans, du corps de Notre Seigneur Jésus-Christ. Le pape Sirius dit : « si quelqu'un, après la rémission des péchés (le baptême), prend la ceinture militaire, qu'il soit absolument défendu de l'admettre à la cléricature. » Le Pape saint Innocent Ier, le 1er concile de Tolède renouvellent cette défense dans les mêmes termes. »

« Le soldat, chez les chrétiens, n'est tenu à aucun devoir supérieur à celui de l'obéissance, il ne possède aucune règle qui puisse le guider ; tandis que pour le soldat musulman, sa religion lui défendant de tuer sans motif, on a établi pour lui des règles au moyen desquelles la cause doit en être déterminée. Il ne peut tirer l'épée sous peine de damnation, et une tombe dans le terrain bénit lui sera refusée comme en Europe pour le suicidé. Quand la guerre est autorisée par le fetva, la suprême dignité de martyr est conférée à ceux qui succombent dans cette guerre, qui prend le nom de guerre sainte. »

(Fin de l'analyse de l'ouvrage de l'abbé Fourny, intitulé l'*Effusion du Sang*.)

Enseignement des anciens catéchismes sur le cinquième commandement.

« Genève, le 16 septembre 1868.

« Le Révérend Père *** à M. Urquhart.

« Monsieur,

« Veuillez me dire si vous croyez que l'autorité religieuse puisse exercer une action sur la masse des hommes et la marche des gouvernements de manière à empêcher l'effusion du sang sur le champ de bataille.

Avez-vous l'espoir que le concile pourrait se saisir d'idées si larges, si compliquées et si insolites ?

« Agréez, etc. »

« Révérend Père,

« J'ai la certitude que si les évêques demandaient le rétablissement, dans le catéchisme des anciens enseignements sur le 5e commandement ; ils l'obtiendraient que la conscience pourrait être éclairée dans l'exécution d'ordres criminels de manière à empêcher les guerres injustes et par suite tout espèce de guerre.

« Agréez, etc.

« D. Urquhart. »

« N. B.—Le catéchisme de Trente, défend à tout chrétien de porter les armes, excepté dans une guerre juste ; il prononce contre celui qui tue sans nécessité, les peines de l'excommunication et retire à l'impénitent les offices de la religion et la sépulture en terre sainte. »

On a agi de même par rapport aux fénians, en Irlande.

Lettre d'un protestant au Pape.

PÉTITION AU SAINT-PÈRE DES CATHOLIQUES ANGLAIS.

Nous supplions votre sainteté de faire rétablir dans les catéchismes, les enseignements sur le commandement « *tu ne tueras point* », tels qu'ils existaient dans les catéchismes antérieurs au concile de Trente, afin d'éclairer la conscience sur cette obéissance aveugle à des ordres criminels, obéissance qui plonge périodiquement les nations dans les guerres et les tient normalement dans les alarmes.

Nous supplions votre sainteté d'ordonner que dans le concile actuel le droit public soit pris en considération, pour établir les caractères des circonstances qui permettent à l'église d'accorder sa sanction, afin de diminuer la somme de crimes, soit publics, soit particuliers et de soulager les nations du fardeau croissant de calamités et d'armements résultant de l'oubli de ces maximes.

Les catholiques anglais, s'adressant au Saint-Père, lui demandent, en outre, que les bases du droit des gens soient déclarées par le Saint-Siège et le concile, et en particulier les principes qui distinguent la guerre légitime de la guerre illégitime. — Les principes qui garantissent au citoyen armé qu'il ne sera pas appelé à échanger son caractère de défenseur du droit, contre celui d'agresseur et d'assassin. Ils démontrent que les nations, livrées à la politique spéculative et à l'esprit révolutionnaire, ont anéanti les anciennes garanties qui protégeaient les états et les empêchaient de prodiguer leur sang et les ressources des citoyens.

« De nos jours on s'est engagé, sans la nécessité impérieuse de repousser ou de venger un droit, on s'est engagé dans des guerres gigantesques aussi sanglantes que ruineuses, sans autre formule qu'un ordre du ministre aux chefs des armées,

Pétition au Saint-Père sur le droit des gens.

« Les soussignés demandent que les rapports réciproques tant de l'état et des citoyens que des états entre eux, soient définis et réglés de telle sorte que ceux qui écoutent la voix de l'église ne donnent pas un lâche et coupable assentiment à l'effusion du sang.

« Ils demandent, en outre, que les princes et les nations soient invités à fonder ou à restaurer, avec le concours des citoyens les plus éminents, des institutions et des lois qui maintiennent la justice dans les hautes régions de la politique, institutions telles que les païens en ont possédé et en possèdent encore, de façon à ce que la guerre ne dépende plus du débat des factions mais d'une *enquête juridique*. Ils appellent de leurs vœux des lois analogues à ces institutions antiques, à ce collége des féciaux qui contribua puissamment à la grandeur de Rome, aux vieilles institutions anglaises, et aux lois des musulmans eux-mêmes, lois nécessaires dans une société d'hommes vertueux. »

Et pourtant, si l'église catholique n'élève la voix, ces traditions vont disparaître en Europe, étouffées par les intérêts matériels, par les aspirations de la vaine gloire, par un scepticisme qui croît avec l'immoralité. La conséquence serait une confusion générale que châtierait bientôt une servitude universelle. Les pétitionnaires gémissent de voir leurs fils s'étioler sous une tyrannie qui violentera leur conscience, cherchera à les entraîner par des maximes corrompues, de telle sorte qu'ils en viennent à justifier une obéissance aveugle et criminelle et à la déguiser sous le nom de devoir. La Grande-Bretagne et l'Irlande, ont jusqu'ici échappé au fléau qui désole l'Europe, d'une conscription forcée , mais les évènements prennent de plus vastes proportions et elle n'évitera pas le sort commun.

Pétition au Saint-Père pour le rétablissement du droit des gens.

« Les pétitionnaires déclarent qu'il y a là pour eux un cas de conscience : ils ont besoin d'être éclairés. La vie des nations dépend de cette question capitale. Le Saint-Siège et le pouvoir temporel y sont profondément intéressés, aussi bien que l'intégrité et l'honneur de la religion.

« Ainsi, les pétitionnaires demandent des déclarations obligatoires pour les chrétiens ; ils désirent qu'un appel soit adressé à tous les législateurs chrétiens, afin qu'ils élèvent leurs institutions *au moins au niveau atteint depuis longtemps sous la loi naturelle*. Ils réclament, en outre, avec instance, la création à Rome (sous la protection du trône apostolique) d'un collége dont la mission sera l'enseignement du droit des gens, et qui sera en ces matières un foyer de science et un arbitre suprême Les questions les plus hautes et les plus complexes viendront ainsi se vivifier au contact des vérités immuables de la foi, devant le tribunal de l'autorité chrétienne.

« DENBIGH, MONTEITH, etc. »

(Fin de la pétition des catholiques anglais au Pape.)

CHAPITRE II.

Le *Français* du 11 septembre 1868 publie un article intitulé : *La paix universelle et le droit des gens.*

« L'horreur de la guerre, l'espoir qui anime tant d'hommes, d'opinions et de convictions diverses et suscite leurs efforts en faveur d'une paix définitive n'est-il qu'un rêve? Le sang, la vie, le bonheur des hommes doivent-ils servir éternellement d'enjeu aux caprices de l'ambition et aux folles combinaisons des politiques?

« Certes on ne peut croire à l'apaisement universel et prochain de toutes les passions, les haines, les rivalités de toutes les causes injustes de la guerre, tant qu'il y aura des droits

attaqués, il y aura des droits à défendre. Tant qu'il y aura des
guerres injustes, il faudra nécessairement des guerres justes. »

Les guerres injustes rendues impossibles.

« On ne peut arriver à la paix universelle, on ne peut en préparer le triomphe, qu'en rendant impossibles les guerres injustes ; or, chaque citoyen a le droit et le devoir de ne point se
faire complice d'une injustice ; chaque citoyen peut refuser son
concours à l'exécution d'une entreprise immorale, comme il
refuserait d'être l'instrument d'un crime. Il y a assez d'honnêtes gens dans le monde pour que la plupart des entreprises
injustes fussent ainsi frappées d'une complète impuissance.

« Malheureusement, quand il s'agit de guerre, on ne laisse
pas au soldat la liberté de sa conscience, on lui impose un
seul devoir, celui d'obéir à ses chefs. Des hommes dévoués ont
entrepris cette grande œuvre d'affranchissement et de paix
sociale.

« Pour éclairer leur propre conscience et celle de tous les
hommes, pour prononcer sur la justice des causes, pour main-
tenir le droit des gens, pour déclarer les entreprises crimi-
nelles, ou pour justifier la défense d'une nation injustement
attaquée, ils s'adressent à l'autorité la plus haute qu'il y ait
au monde, l'autorité morale. Cette autorité est celle du Sou-
verain-Pontife et du Concile.

« L'idée de chercher à Rome un arbitre capable de pron n-
cer sur les querelles internationales n'est pas nouvelle. Un
accord tacite des peuples a donné autrefois à quelques papes
ןe vote de grand justicier. Mais sans renouveler une situation
politique ancienne que les circonstances actuelles ne permet-
traient probablement pas, l'autorité morale à laquelle nous en
appelons est dans le courage personnel de chaque citoyen et
dans la virile résolution de sa conscience affranchie. »

(Fin de l'analyse du *Français*.)

Le soldat ne peut apprécier la justice d'une guerre.

Nous nous permettrons de faire observer au journal le *Français*, que le soldat est incapable de juger par lui-même de la justice ou de l'injustice d'une guerre, qu'il faut une juridiction exercée par des hommes qui ont fait une étude spéciale des questions du droit, instruits par un collége diplomatique sur les moyens les plus propres à concilier les intérêts des diverses nations.

Nous avions pensé aussi que l'unité religieuse aurait pu déterminer les nations dissidentes à l'acceptation du Pape comme président. Toutefois, il nous paraît que les dogmes promulgués depuis Jésus-Christ par le catholicisme, formant seuls la dissidence entre les chrétiens, et l'accord étant complet sur les lois, la morale et les enseignements du Christ, la suprématie du Pape pourrait être reconnue par tous les chrétiens, sur les divers et seuls points, formant le fondement du christianisme, et dont la conséquence est l'observation des commandements de Dieu et du droit des gens, tant pour les nations que pour les individus.

L'*Union de l'Ouest* publie une lettre de Mgr Dupanloup, adressée à un homme politique pour le rassurer :

« Les triomphes de la force, dit-il, ne sont qu'éphémères, ceux de la justice, seuls sont durables. » Il avertit l'Europe que si elle foule aux pieds la justice et l'humanité outragée qui lui conseille d'intervenir, elle apprendra bientôt à ses dépens, quel joug la menace, et quelle suite affreuse de guerre elle aura à supporter. Il invoque le souvenir de la reine Louise de Prusse, mère du roi actuel, qui croyait à la justice et non à la force, malgré les plus cruelles épreuves. L'histoire de la Prusse de 1806 à 1810, m'a éclairé et fortifié, dit-il, je conseille à ceux que la vue de nos malheurs aurait trop abattus de la lire. Dans une entrevue célèbre que la reine de Prusse eût avec Napoléon, celui-ci l'apostropha ainsi : »

« Qui vous a porté, lui demanda brusquement le vainqueur
« d'Iéna et de Friedland, à me faire la guerre ? — La gloire du
« grand Frédéric, répondit-elle, nous a fait illusion sur notre
« puissance, nous nous sommes trompés. » Voilà bien notre
histoire de 1870. Et nous aussi, nous nous sommes trompés ;
la gloire de nos armes nous a fait illusion !

Quelques années plus tard, vivant à Mœmel, pauvre, aban-
donnée, elle écrivait à son père, en parlant du vainqueur de
1810 : — « Cet homme est un instrument dans les mains de
« Dieu, pour briser les branches gâtées qui avaient fini par se
« confondre avec le vieil arbre, mais il tombera, la justice
« seule est stable. Désordonné dans son ambition, il est aveu-
« glé par la bonne fortune. Qui ne sait se modérer perd l'é-
« quilibre et tombe. La Providence veut remplacer le vieux
« monde politique usé, ce sont de mauvais pas à franchir ;
« chaque évènement doit nous trouver meilleurs et plus pré-
« parés. »

Mgr Dupanloup exprime la confiance que nous nous relè-
verons de nos désastres.

La *Patrie* du 25 septembre, constate combien le concours
du clergé peut être efficace pour rétablir l'ordre dans l'état ;
« sa parole sera très-écoutée, dit-elle ; le peuple croit en ses
pasteurs et il a raison, ils le consolent, ils l'instruisent, il
fautaussi qu'ils le conseillent »

Le retour de tous au Christ.

Les nations peuvent-elles se dire chrétiennes lorsqu'elles
n'observent pas les lois établies par le Christ?

Quelle est cette nouvelle loi des faits accomplis? est-il légal
qu'une nation fomente le désordre chez sa voisine, suscite
une révolution afin d'avoir plus facile à s'en emparer (1) ou
pour que son commerce profite du désastre qu'elle a occa-

____

(1) N'a-t-on pas trouvé de l'or prussien entre les mains des émeutiers espagnols

sionné à l'étranger? est-il légal que sous le prétexte de pro_
téger ses nationaux, on s'ingère dans les affaires d'un pays
qu'on finit par s'adjuger? De même qu'il devrait y avoir un
tribunal d'honneur qui remplaçât les duels; ne devrait-il pas
y avoir un tribunal international qui s'interposât entre les
ambitions de certains souverains et les obligeât à rendre ce
qu'ils auraient pris illégalement, jusqu'à ce que l'esprit du
Christ soit entré assez avant dans les mœurs des nations,
pour que d'elles-mêmes elles s'abstinssent de s'emparer du
bien d'autrui; qu'elles protégeassent les petits états sans les
asservir, et qu'elles fissent, enfin, aux nations qui ne leur sont
pas hostiles, ce qu'elles désireraient qu'on leur fît à elles-
mêmes. Nous appelons l'attention de l'autorité civile et religieuse sur l'accord unanime qui existe non-seulement entre
toutes les sectes chrétiennes, non-seulement entre toutes les
religions, mais encore avec les sceptiques et les rationalistes
de la société moderne sur la reconnaissance de ce fait, que la
morale du Christ est supérieure à toutes les autres, que sa
perfection ne pourra jamais être dépassée; nous nous éton-
nons que cette divine loi ne forme pas la base du droit international, quelle soit si peu observée individuellement, qu'a-
près 1800 ans qu'elle a été promulguée, l'immoralité et les
crimes semblent s'accroître, que le clergé lui-même y paraisse
attacher moins d'importance qu'aux pompes extérieures du
culte, qu'à l'étude et l'enseignement des dogmes qui n'ont pas
tous d'influence sur la conduite (1). Nous nous proposons pour
constater cet état anormal de la société moderne et de l'E-
glise, d'analyser dans un deuxième livre les diverses appréciations de théologiens catholiques plus ou moins orthodoxes,
sur cette question dont l'importance n'a pas besoin d'être
démontrée, puisque d'elle, dépend le salut de l'humanité et de

____

(1) Un Musulman prisonnier refusa d'écouter un missionnaire anglais, disant :
« La religion chrétienne ne peut être bonne puisqu'elle ne défend pas l'effusion
« du sang. »

mentionner les moyens qu'ils proposent pour nous sauver d'un cataclysme imminent.

Hommage de Kant rendu à la morale chrétienne.

Voici le témoignage de Kant (qui ne passe pas pour un chrétien orthodoxe), cité par M. Arnauld de l'Arriège :

« La doctrine du christianisme, lors même qu'on ne l'envi-
« sagerait pas comme une doctrine religieuse, nous donne
« par la morale, un concept du souverain bien, qui satisfait
« seul aux exigences les plus sévères de la religion pratique.
« Pendant dix-huit siècles, l'action de cette doctrine a été si
« universelle et si incontestée, qu'aujourd'hui elle est encore
« le fonds commun de toutes les philosophies, soit chrétien-
« nes, soit rationalistes, il n'est pas une école philosophique
« en Europe qui osât proposer un autre code de morale que
« ce code consacré par les traditions de tous les peuples. La
« morale chrétienne, devenue le patrimoine commun de tous
« les peuples, reste la base indestructible de l'ordre tem-
« porel. »

On peut constater, il est vrai, que le sentiment de l'huma-nité s'est développé dans les masses, que les mœurs se sont adoucies ; mais la probité, la loyauté, l'intégrité, l'abnégation, sont encore rares ; et l'on peut dire que c'est l'égoïsme, la concupiscence, la sensualité, le luxe, qui dominent générale-ment, peut-être par la facilité de se procurer les jouissances matérielles.

En quoi consiste la vraie liberté selon Lamennais.

Depuis un siècle on se bat en France pour avoir la liberté, mais chacun prétend en jouir jusqu'à la licence et en priver autrui. On ne comprend pas que les premières conditions de la liberté doivent résider en soi-même, ne pas être esclave de ses passions, et même de sa satisfaction personnelle. Malheu-

reusement, les jouissances de tout genre sont devenues des
nécessités, ceux qui ne possèdent pas veulent jouir tout autant que ceux qui possèdent, écoutons ce que dit Lamennais.
« Quiconque, dit-il, *craint* ou *désire quelque chose sur la*
« *terre* n'est pas libre. Il y a en lui un point où l'on pourra
« toujours sceller une chaîne. » Or, tous nos amateurs des
biens de la terre se figurent être de bons républicains, ils demandent l'égalité avec ceux qui ont plus qu'eux, mais ne sont
pas du tout disposés à partager avec ceux qui ont moins. Oh
la jolie République que celle qui serait composée de tous ces
égoïstes! de tous ces sybarites, matérialistes sensuels, ne
voyant que la jouissance présente. . (1) Vous vous en prenez
toujours à la constitution, mais avant de réformer la constitution, réformez-vous vous-même ; vous invoquez Jésus-
Christ, modelez-vous sur lui.

Les égoïstes s'emparent des mots pour se dispenser des actes

Un grand patriote, auteur de la *Démocratie américaine,*
s'écriait : « Où en sommes-nous donc ? les hommes religieux
« combattent la liberté, et les amis de la liberté attaquent les
« religions ; des esprits nobles et généreux vantent l'escla-
« vage, et des âmes basses et serviles préconisent l'indépen-
« dance. Des citoyens honnêtes, éclairés, sont ennemis du
« progrès, tandis que des hommes sans patriotisme et sans
« mœurs se font les apôtres de la civilisation et des lumières;
« est-ce donc l'état normal de notre société moderne que de
« confondre l'amour de l'ordre avec le goût des tyrans ; le
« culte de la liberté avec le mépris des lois, de manière à ce
« que la conscience ne jette qu'une clarté douteuse sur les
« actions humaines, que rien ne semble plus défendu, ni per-
« mis, ni honnête, ni honteux, ni vrai, ni faux? »
Nous lui répondrons que l'homme qui veut satisfaire ses

(1) Voulant récolter ce que d'autres ont semé.

passions et s'attribuer en même temps le mérite des sentiments généreux, cherche à corrompre le sens des mots pour
se dispenser des actes qui lui coûtent; jusqu'à présent les
trois essais que nous avons fait, d'établir une république en
France, ne nous ont donné que l'esclavage sous le nom de la
liberté, ce qui explique comment une infinité de personnes
préfèrent n'avoir qu'un maître à servir, qu'une foule de petits
tyrans. Quant à la presse, elle s'est souvent arrogée le droit
d'outrager les personnes, de les calomnier; en sorte que la
démocratie est devenue de la démagogie, comme la liberté,
de la licence. Or, nous demandons aux démocrates des actes
de dévouement et non d'égoïsme ou de despotisme.

Leçons de la Providence.

Femmes du monde élégant, vos fils sont sur le champ de
bataille, vous tremblez pour leurs jours! mère de jeunes enfants, votre mari est allé défendre la Patrie, il est peut-être
blessé et vous ne pouvez le soigner!... jeune fille, vos frères,
votre fiancé sont sous les armes, vous ne les reverrez peut-
être plus, songez-vous encore à ces brillantes toilettes qui
absorbent une grande partie de votre revenu? Ah bientôt
vous aurez à prendre des vêtements de deuil! Jeunes mobiles,
habitués au confortable, aux délicatesses de la table, qui vous
êtes créés tant de besoins factices, comment supporterez-vous
la vie du camp?

Riches industriels, riches banquiers, qui ne vivez que pour
augmenter journellement votre fortune colossale; si le commerce est anéanti, les faillites imminentes, votre ruine sera
bientôt un fait accompli! Avare, qui croyez avoir bien caché
vos trésors, le Prussien les découvrira, Dieu seul aurait pu
vous les conserver si vous les lui aviez confiés. Vous tous,
qui n'avez pensé qu'à la vie présente, qui n'avez eu qu'un
but, celui de satisfaire vos sensualités, de vous amuser, de

jouir du triomphe de votre amour-propre et de tous les plaisirs que votre prodigalité pouvait vous procurer, ce qui se
passe ne doit-il pas vous donner à réfléchir? Ah ! laissez-là
toutes ces vanités qui corrompent l'âme ! fortifiez-là dans l'adversité qui vous aura rendu alors le plus grand service, celui
de prendre la vie au sérieux et de vous rappeler que *tous*
nous avons une mission à remplir ici-bas.

Les leçons de la Providence enfantent des héros.

Les Prussiens avaient compté sur l'amolissement des
mœurs, la sensualité des Français pour les vaincre? Comment
l'homme accoutumé à toutes les douceurs de la vie, aux
jouissances, aux plaisirs de tout genre, pourra-t-il supporter
la vie des camps? comment ceux qui ne se sont jamais occu-
pés que d'intérêts matériels, qui ne pensent qu'à augmenter
leur fortune seront-ils capables de sacrifier leurs intérêts per-
sonnels à ceux de la Patrie? C'est en effet un problême que
Dieu seul peut résoudre. Cette transformation morale, Dieu
l'opère chez l'individu par l'adversité, les chagrins, la maladie,
la perte des personnes aimées; chez les nations, par les
fléaux.

Vous ne songez qu'à vous enrichir, et vous usez mal de vos
richesses! elles ne vous servent qu'à alimenter un luxe inso-
lent convoité par ceux qui ne peuvent se le procurer légalement; vous allez être assaillis de voleurs qui ne reculeront
pas devant l'assassinat pour obtenir les mêmes jouissances
que vous.

Vos châteaux, vos équipages, vont devenir la proie de l'ennemi du dehors. Alors, forcé de revenir à la simplicité chrétienne et de défendre le peu qui vous reste à l'avidité de ceux
qui ont encore moins que vous, vous rentrerez en vous-
même, vous éleverez vos yeux vers Dieu, vous comprendrez
que vous n'êtes pas venu sur cette terre pour jouir, mais pour

mériter; que chacun de nous a une mission à remplir ici-bas, que les plus élevés en rang, en fortune, en science, doivent servir d'exemple aux prolétaires; alors vous serez guéri, Dieu vous aura transformé, vous lui rendrez l'hommage que vous lui devez, car vous aurez compris la leçon. Et l'ouvrier, vous voyant recourir à Dieu, vous imitera, et dans ses maux se résignera à sa position, c'est ainsi que beaucoup d'âmes qui s'avilissaient dans la prospérité, s'ennobliront à l'école du malheur.

Les héros.

Nous ne pourrions les nommer tous, la liste en serait trop longue; ici nous voyons l'ancien ministre, M. Duruy, partant avec ses deux fils pour la frontière, là c'est le simple soldat orphelin, léguant le peu qu'il possède à la caisse de secours pour les blessés; évidemment la Capoue moderne n'a pas éteint le feu sacré qui brûle dans le cœur des Français, le sentiment du devoir, celui de l'honneur se réveillent en eux au moment du danger; mais ce danger passé, il serait à désirer qu'on prit des mesures pour rendre impossibles ces invasions qui font tant de victimes innocentes et peuvent être suivies de terribles fléaux. Il faudrait qu'en inaugurant la paix, l'activité de l'homme fut reportée au profit de la civilisation, de l'amélioration des mœurs, de la répression du brigandage, enfin qu'il prit à cœur de rétablir les lois du Christ dans les actes, dans les transactions, tant à l'extérieur qu'à l'intérieur. Nous désirons qu'en expulsant les mauvais sujets des villes centrales, on ne les abandonne pas à eux-mêmes, mais qu'on les transporte dans nos colonies, où ils puissent se régénérer, où ils ne se trouvent pas aux prises avec les tentations que leur font éprouver le tableau de l'opulence; étant déporté, son bien-être sera proportionné à son travail, il pourra devenir propriétaire, connaître les jouissances de la famille; par son intelligence et son industrie son aisance augmentera.

Régénération morale par l'adversité.

Dans nos centres civilisés, au contraire, l'intelligence des prolétaires les porte souvent à la paresse, parce qu'ils trouvent moins fatiguant de voler que de travailler ; le vol devient une industrie ; toujours de nouvelles méthodes sont découvertes pour y arriver.

Ces temps de calamité font connaître l'homme tel qu'il est, ils dévoilent le traître, le fripon, le lâche, comme ils signalent l'homme généreux, compatissant, l'homme d'honneur (1). Les seuls rapports sociaux n'avaient pas fait connaître les différences morales entre les individus, car ils n'avaient pas été mis à l'épreuve. Les circonstances actuelles les découvrent tels qu'ils sont C'est un jugement qui s'effectue, qui classe les hommes selon leur mérite, les place les uns à la droite, les autres à la gauche du Christ.

Suites de la guerre.

Ce sera pour nous un grand soulagement d'être délivrés des Prussiens ; mais tous nos maux ne seront pas finis ; que de ruines à réparer ; que de familles privées des moyens d'existence ; que de désastres de tout genre nous environneront.

L'air ne sera-t-il pas vicié là où tant de massacres auront eu lieu ? Pourrons-nous échapper à la contagion de la peste si l'armée prussienne est écrasée sous Paris avec une partie des nôtres ? Si Paris réclame contre le rapprochement des cimetières, malgré la profondeur à laquelle on enterre les corps ; si déjà à Metz, à Sedan on ne peut combattre l'infection, que sera-ce si un million d'hommes succombent autour de Paris ; si le roi de Prusse est intéressé à rentrer au plus vite chez lui pour sauver son armée, ne le sommes-nous pas aussi à ne pas

---

(1) Si la France a encore besoin d'une leçon, Dieu la lui donnera, elle n'en a pas moins besoin qu'une autre. — (Lacordaire.)

lui couper sa retraite, en le forçant de nous laisser les cadavres de son armée (1). Après le fléau de la guerre entraînant la peste, vient celui de la famine, moins à craindre à cause des communications extérieures qui permettent de nous approvisionner chez nos voisins. Mais à quel prix paierons-nous la viande après que les bestiaux auront été enlevés par les Prussiens ! s'il nous en reste ne seront-ils pas atteints par l'épizootie que les leurs nous apportent ? — Un autre danger non moins grave est celui de la guerre civile ; nous sommes d'accord pour chasser l'ennemi, mais le sommes-nous sur notre organisation intérieure ? La République proclamée, n'est-elle pas elle-même divisée ? Ce qui est le plus difficile à obtenir en France, est l'exercice de la vraie liberté.

Essais de la démocratie en France.

Il en est qui se disent républicains et qui ne veulent que la dictature à la condition que ce sont eux qui l'exerceront, se réservant la faculté d'abroger une loi ou d'en créer une d'un trait de plume, et sans délibération ; c'est le despotisme, la tyrannie, produisant la terreur dans la nation ; dépassant tout ce qu'on a pu dire du gouvernement personnel qui avait les Chambres, le Conseil d'Etat, les ministres pour élucider les questions.

Ce n'est pas la première fois que les Français inaugurent la République, pourquoi n'ont-ils pas encore réussi à la conserver ? C'est que chez les prolétaires la liberté était devenue licence, que chez les chefs, les meneurs, elle s'était transformée en despotisme arbitraire, en oppression, en mépris de la loi, qu'elle s'arrogeait le droit d'abolir enfin, que la passion avait remplacé la justice. Si depuis longtemps on se plaint des gouvernements c'est moins parce que leur système est mauvais

---

(1) Avant de mourir de faim, l'armée, si on l'empêche de se ravitailler chez elle, ne dévastera-t-elle pas nos provinces pour se procurer des vivres.

que parce que les hommes sont vicieux, il faudrait que les citoyens sussent triompher de l'égoïsme de l'orgueil d'où il résulte que tous veulent commander et que personne ne veut obéir ; c'est à la réforme de l'individu qu'il est urgent de s'attacher et sous ce rapport nous ne pouvons avoir de meilleurs enseignements que ceux du Christ. Si l'on se bornait à améliorer, à perfectionner sans détruire, on pourrait tempérer la monarchie par une sage décentralisation, retirer au souverain le droit de déclarer la guerre et de traiter seul avec les autres puissances, on pourrait emprunter à la République tous les modes que l'expérience aurait sanctionnés comme utiles ; mais on a presque toujours préféré tout détruire, pour reconstruire à neuf et à la hâte, sur des terrains minés par les passions révolutionnaires.

CHAPITRE III.

Lettre du R. P. Lacordaire à Mme Swetchine, en juillet 1849, sur la régénération de l'humanité.

« Dieu a donné aux rois et aux partis une preuve de leur
« impuissance, qui n'est que le prélude d'un coup d'état
« divin. Nous y marchons à grands pas, si Notre Saint-Père
« Pie IX est détrôné, il sera l'agneau de cette Pâque nouvelle,
« son successeur, recueillera les fruits de son immolation et
« le Saint-Esprit le désignera autre que ne l'attend le monde,
« l'orgueil humain est blessé à mort, c'est ce qui me fait espé-
« rer une intervention divine, nous aurons une *résurrection*,
« dont tous les éléments échappent à nos regards. (1) »

(1) Ce qui nous fait craindre que cette résurrection n'ait pas lieu, c'est l'exemple des pays qui, du faîte de la puissance, sont tombés pour ne plus se relever. Pour espérer notre régénération, il faudrait pouvoir régénérer toute l'Europe avec nous. Que les peuples pussent s'entendre pour s'émanciper en même temps, non par la force des armes, mais par celle de la raison et de l'inertie, qu'ils refusent de se battre l'un contre l'autre Que les soldats prussiens nous tendent la main ; que les chefs républicains, en inaugurant le principe de la liberté, l'accordent à

Prophéties de Joseph de Maistre.

(Considérations sur la France.)

« Lorsque je considère, dit-il, l'affaiblissement général des
« principes moraux, la divergence des opinions, l'ébranlement
« des souverainetés qui manquent de base, l'immensité de
« nos besoins et l'inanité de nos moyens, je ne vois qu'une
« issue possible, c'est que le christianisme soit renouvelé de
« quelque manière extraordinaire. » Aux grandes époques de
rénovation, dit un républicain, lorsqu'un ordre social tombe et
qu'un monde nouveau va renaître, si le génie du mal semble se
déchaîner sur la terre, c'est que tous les éléments de la pensée
luttent ensemble ; c'est l'enfantement ou la dissolution qui
précède la vie nouvelle ; mais c'est aussi l'indice certain de la
renaissance ; or, ce que l'humanité attend, c'est l'initiation
à une vie nouvelle ; elle est arrivée à cette troisième phase,
où il lui faut des enseignements appropriés à la hauteur de
ses aspirations intellectuelles. Elle veut sonder les mystères
du passé, en dégageant la foi des ombres mystérieuses dont
on l'avait voilée pour l'approprier à la faiblesse de sa raison
qui est progressive comme l'être lui-même.

Avènement de l'esprit de vérité.

(Avenir catholique.)

D'après les calculs de l'apocalypse, l'avènement de l'esprit commencerait déjà à se manifester et la nation française devrait en être le grand instrument !... Sa venue dans

ceux mêmes dont les opinions sont contraires à la leur. Mais tant que la tyrannie
se cachera sous le nom de la liberté, tant qu'on ne reviendra pas à la morale du
Christ : Faire aux autres ce qu'on désirerait qu'on vous fît à vous-mêmes, » nous
n'espérerons guère de la régénération de l'humanité. L'égoïsme des individus s'é-
tant incarné dans l'égoïsme des nations qui, aujourd'hui, abandonnent la France.
Toutefois, Dieu, en terrassant les nations, peut changer les cœurs et opérer leur
conversion comme il opéra celle de saint Paul.

les desseins providentiels était fixée vers 1830 et le triomphe
définitif vers l'an 1900, fin de l'ancien monde, et l'inauguration d'une ère nouvelle devait être annoncée et devancée par
des précurseurs ; le terrain devait être prêt à recevoir les se-
mences célestes qui allaient se répandre sur les sillons de la
terre, croître et fructifier par les soins de tous les hommes de
bonne volonté associés à ce sublime travail.

Extrait des réflexions sur les évangiles par Lamennais.

Lamennais, dans son ouvrage sur l'*Esprit de l'Evangile*,
enseigne que le règne de Dieu sur la terre est l'observation
de sa loi, qui doit régner chez chaque individu, ainsi que dans
la société. « Le règne de Dieu, dit-il, ne vient point de manière à frapper les regards, il est au-dedans de chacun,
puisqu'il n'est que la soumission intérieure à la loi, la pureté
du cœur, la droiture de la volonté ; *mais à l'égard de la
société, l'établissement du royaume de Dieu, la venue du
fils de l'homme, ne s'opère qu'au milieu de commotions
violentes ; elles ébranlent, elles renversent tout, à l'heure où
les hommes s'y attendent le moins...* La veille ils achetaient
et vendaient, i.. plantaient, ils bâtissaient, et voilà que sou-
dain la terre tremble, le ciel est en feu, les chemins sont
couverts de gens qui fuient partout l'inondation, la destruction !... »

Fin de l'ancien monde. -- Résurrection à une vie nouvelle.

« Jérusalem leur recommande de sortir de leurs maisons rui-
nées sans rien emporter, que feriez-vous de ces restes du passé?
entrez dans le monde des vivants sans regarder en arrière ;
laissez les morts ensevelir leurs morts !... Le salut individuel
de chacun n'a pas été le but principal des préceptes de Jésus,
c'est le *genre humain tout entier* qu'il a voulu sauver. Le

salut de chacun n'est qu'un moyen, qu'un élément du salut de tous ; autrement, il aurait repoussé les hommes dans l'égoïsme. Que veut encore le Christ, sinon la liberté ? Le Christ est venu pour briser les chaînes, pour affranchir le genre humain, que veut-il, sinon la fraternité ? il est venu enseigner la loi de vie qui n'est autre que la loi d'amour et donner l'exemple de son parfait accomplissement. Toutes les paroles du Christ ont un sens profond. « On ne coud pas, dit-il, une pièce « de drap neuf à un vieux vêtement, on ne met pas du vin « nouveau dans de vieilles outres. » Or, les vieux systèmes, les vieilles sociétés, tout ce qui constituait l'ancien monde, croule à la fois et déjà les peuples n'habitent que des décombres, c'est la mort ; mais la résurrection n'est pas loin. Ce qui s'en va, c'est le vêtement usé de l'être impérissable ; ce qui tombe, c'est la feuille d'automne ; le soleil baisse, l'hiver approche, mais après l'hiver vient le printemps. Lorsque cette vie nouvelle se manifeste, en vain voudrait-on la renfermer dans de vieilles institutions, le vin nouveau brise les vaisseaux caducs, la sève du printemps ne remonte point dans les feuilles qu'a séchées l'automne ; or, aujourd'hui l'esprit pousse les peuples à de nouvelles destinées, l'opposition est encore grande chez ceux qui *tiennent les nations sous leur domination, mais rien ne résiste à l'esprit :* en lui est la force suprême qui finit par triompher. »

Régénération de l'humanité.

« Lorsqu'un grand changement doit s'accomplir dans le monde, toujours il y a des voix qui l'annoncent, des précurseurs qui disent : Préparez-vous, les temps approchent... On peut juger s'ils parlent vraiment au nom de celui qui tient en sa main l'avenir, par le mépris des choses présentes, de tout ce que convoitent les sens, de tout ce que poursuit ardemment la foule corrompue. »

« L'orsqu'une institution ne peut plus satisfaire aux besoins des peuples à cause du progrès qui s'est opéré, l'esprit qui l'animait, qui faisait sa vie, se retire d'elle ; il n'en reste que le cadavre. Ainsi, au temps de Jésus-Christ, la religion de Moïse, matérialisée par les Saducéens, chefs du sacerdoce, qui ne voyaient en elle qu'un instrument de la politique, était corrompue par les Pharisiens qui, la subtilisant sur la loi, au profit des passions, la réduisaient à de vains rites des pratiques extérieures, trompant les hommes et se jouant de Dieu ; or, la religion de Moïse, disons-nous, avait perdu toute son efficacité.

« Pour que la société ne pérît pas avec elle, pour que le genre humain s'avançât dans ses voies, il fallait que de sa racine desséchée sortit une religion vivante, une loi plus parfaite puisque la première était épuisée à ces époques de renouvellement. »

Symptômes de régénération selon Lamennais.

« Les esprits sont inquiets, les âmes défaillantes cherchent avec anxiété un signe à l'horizon, car on ignore de quel côté viendra la lumière ; les peuples voient s'accroître le nombre des malades, des aveugles et des boiteux ; les misères pullulent. Or, les peuples sont-ils aujourd'hui moins souffrants, moins dans l'attente qu'aux jours du Christ? La terre ne tressaille-t-elle pas comme une femme qui va enfanter? En nous, autour de nous, n'y a-t-il pas une voix qui annonce quelque chose de grand qui prophétise l'approche du salut? Que ceux donc qui ont oreilles entendent.

« La réforme de l'homme intérieur, c'est ce que Jésus veut opérer, en cela contrairement aux Pharisiens, qui s'attachaient aux purs dehors. Quand l'esprit de vie se retire de ceux qui sont chargés de le répandre, quand les institutions, ayant perdu leur vigueur primitive, penchent vers leur fin, il arrive deux choses : on multiplie les cérémonies, les rites, les pratiques extérieures, et on leur attribue une efficacité chimérique, persuadant aux hommes qu'elles suppléent, les vertus réelles et dispensent de l'accomplissement de la loi véritable. Alors, il se forme au sein des sociétés soumises à ce fatal enseignement, comme une fausse conscience, on voit des peuples entiers conserver avec zèle, je ne sais quelle foi spéculative, et croupir tranquilles dans l'oubli des devoirs les plus saints, dans une corruption si générale que presque rien ne s'y dérobe. »

Jésus donne l'exemple.

« Jésus nait dans la *condition la plus humble, il sort du peuple,* toutefois, *on n'est pas peuple seulement parce qu'on ne possède rien,* mais par le détachement du cœur ; tandis que les désirs excessifs, la cupidité, l'envie, constituent au fond de l'âme la pire des possessions. Le vrai peuple se reconnaît à la régularité de sa vie, la fidélité aux devoirs, le zèle pur du bien, qui n'a point ce signe, ne fait point partie des hommes de bonne volonté auxquels la paix a été promise.

« Lorsqu'un ordre nouveau doit se produire, il s'opère au sein de la dissolution générale un secret travail qui est le commencement de la guérison, quelques-uns, se détachant de la masse corrompue, rentrent dans les voies du bien, c'est cette partie du peuple qui, ayant cessé d'être aveugle et sourde, verra la lumière, écoutera la parole, et en qui elle fructifiera, car la parole ne germe que dans un sol préparé. Dieu ne verse son vin nouveau que dans des outres neuves ; aucune œuvre n'est féconde que par l'oubli de soi, aucune réforme n'est possible si chacun de vous ne la commence en soi.

« Chaque homme individuel, ainsi que l'humanité tout entière, doivent se transfigurer, passer d'un état inférieur à un état plus élevé, par une sorte de croissance qui n'a de terme que Dieu même ; mais chaque état a sa racine dans l'état antérieur. Le Christ succède à Moïse et à Elie ; or, après dix-huit siècles, ayant accompli une des périodes de sa croissance, l'humanité tend de nouveau à se transfigurer. »

Jésus décrit les symptômes de cette régénération.

« On voit comment se renouvelle la société aux époques où sa vie épuisée menace de s'éteindre, comment s'opèrent les transformations, les développements qu'implique le progrès.

« Jésus, près du terme de sa vie, paraît préoccupé de l'abus qu'on fera de son nom et de l'établissement final de sa loi, après de profonds bouleversements et des ruines immenses. Il prévient ses disciples et les générations successives qu'il viendra de faux Christs et de faux prophètes qui lui succéderont de siècle en siècle jusqu'au jour et à l'heure que le Père seul connaît.

« On saura que ce jour approche, lorsqu'on verra tout s'ébranler au sein des sociétés humaines, les *peuples se ruer sur les peuples...* Jésus annonce pour cette époque la fin d'un monde et l'avènement d'un monde nouveau sur lequel il règnera (1).

« Ce monde nouveau, ce monde du vrai Christ n'est pas loin, car visiblement le vieux monde, le monde des faux Christs, des faux prophètes s'en va. C'est pourquoi les peuples tressaillent d'espérance loin de s'effrayer, lorsque tout chancelle et tout croule. Rien de grand ne se produit dans l'humanité qu'à la condition de la souffrance, et comme œuvre n'égala jamais celle du Christ, ses souffrances ont aussi dépassé toutes les autres souffrances. »

Jésus veut faire de l'humanité un peuple de frères qu'il réunira dans une seule bergerie.

« Lorsque l'aurore d'une époque de rénovation commence

____

(1) Que votre règne arrive (le *Pater*).

à poindre, les hommes de bonne foi sont les premiers à la voir et à la signaler ; ils saluent, pleins de joie, l'astre encore voilé qui monte à l'horizon. Mais les possesseurs du vieux monde ferment les yeux à la lumière, qu'ils sentent devoir éclairer les ruines de leur domination et de leur science. C'est le jugement qui pèse sur eux ; puisque privés de la vie qui débordera bientôt de toutes parts, ils ne réussissent après une sanglante résistance qu'à s'ensevelir eux-mêmes sous ces ruines !

« Ils combattent pour une fosse, où seuls ils descendront. S'ils étaient réellement aveugles, il n'y aurait point de péché, mais aveuglés volontairement, défenseurs opiniâtres des ténèbres, ils s'efforcent d'y replonger les hommes, prétendant qu'ils voient clair, c'est pourquoi leur péché demeure. Le but de la mission du Christ est de faire de tous les hommes un peuple de frères, les unir entre eux en les unissant à Dieu ; de les rassembler autour de lui dans une seule bergerie dont il sera l'unique pasteur. »

CHAPITRE IV.

Les peuples et les chrétiens réclament les bénéfices de leur majorité.

Les peuples disent aux rois : Nous avons atteint l'époque de notre majorité (1), faites-nous participer au gouvernement de l'état en ce qui nous concerne personnellement ; décentralisez un peu votre pouvoir en faveur de nos provinces ; laissez-nous la faculté de nommer nos fonctionnaires, de régler nos affaires administratives. Les chrétiens disent à l'église : Nous sommes majeurs, ne nous traitez plus en enfants qu'on tient à la lisière et auxquels on dicte les mots qu'ils doivent prononcer pour

____

(1) Il en faut excepter les émeutiers, tels que ceux qui voulaient tuer le général Trochu à l'hôtel de ville, et imposer la commune, ils ne sont pas majeurs, ceux qui veulent substituer la violence à la loi et le despotisme à la liberté.

demander une grâce à leur mère... Le temps n'est-il pas venu où nous devons adorer Dieu, en esprit et en vérité, par des actes vertueux, plutôt que par la multiplicité des pratiques de surérogation ? Notre Seigneur Jésus-Christ n'a-t-il pas dit : « Ce n'est pas celui qui s'écrie : Seigneur, Seigneur, qui en- « trera dans le royaume des cieux, mais celui qui fait la vo- « lonté de mon père? » Or, la volonté de Dieu est que l'homme se perfectionne de plus en plus. « Soyez parfait, « ajoute le Christ, comme notre Père céleste est parfait. » C'est donc l'égoïsme, la sensualité, l'envie, qu'il faut détruire, pour remplacer ces vices par l'accomplissement du devoir, par le dévouement, l'abnégation, afin de régénérer l'homme; c'est là l'importante mission du clergé, qu'il ne pourrait remplir qu'incomplètement s'il est trop chargé de détails de cérémonies, d'autant plus que pour conserver son ascendant sur les masses, il faut que par l'étude, il se mette toujours au courant du progrès qui s'opère dans les sciences, afin que la connaissance de Dieu ne reste plus complètement voilée par les mystères, mais de plus en plus accessible à l'intelligence humaine.

Les peuples devraient pouvoir refuser de se battre pour satisfaire l'ambition des rois.

Les peuples ne pourraient-ils pas dire aux rois : Vous pré-tendez tenir vos droits de Dieu même, mais Dieu vous a-t-il autorisés à disposer de la vie de vos peuples? à leur enlever le produit de leur travail, à les réduire à la misère par suite de votre politique, de vos traités, ou des guerres que vous entreprenez? Si vous désirez continuer à gouverner les peuples, rappelez-vous les paroles de Jésus : « que celui qui veut com-mander « devienne le serviteur de tous. » Donnez aux peuples une garantie contre les querelles qui pourraient s'élever entre vous; si la force ou l'adresse doivent remplacer la justice pour le règlement de vos différents, si le sang ou les milliards doivent être mis en jeu, n'exposez que votre vie ou votre patrimoine, que votre ruine n'entraîne pas celle de milliers de familles ! Que votre sang soit le seul versé ! la loi de Dieu, de qui vous dites tenir votre pouvoir, serait néanmoins encore violée, un arbitrage seul est légal ; mais quels juges seront assez impartiaux ? N'avez-vous pas des voisins jaloux qui désirent vous abaisser ? Plusieurs nations ne peuvent-elles s'entendre pour partager vos dépouilles ? C'est pour éviter ce danger que, nous appuyant de l'autorité d'hommes de génie et d'expérience, nous avons proposé dans cet opuscule une institution à part, un tribunal international, qui tint compte de l'intérêt des peuples avant celui des souverains, et dont le président n'appartint à aucunes des nations en cause, dont les intérêts pourraient se trouver opposés, nous avons nommé *le Pape*. Le souverain qui refuserait de se soumettre à cette juridiction ne mériterait-il pas que son peuple se soulevât pour conquérir sa liberté ?

La liberté pour tous.

La nation française ne pourrait-elle pas dire au Gouvernement de la défense nationale, qui a décrété la République : entendez-vous faire passer dans les actes la devise : Liberté, Egalité, Fraternité, qui jusqu'à présent n'a existé en France que dans les mots et sur les monuments ? Voulez-vous que ce principe devienne une vérité ? s'il est loyalement mis en action et adopté, la chambre élue par la nation, devrait être libre de se choisir le gouvernement qui lui conviendra.

Les candidatures officielles, tant blâmées par l'opposition sous l'ancien gouvernement, devraient être abandonnées. — L'élection des maires devrait être laissée aux citoyens, le gouvernement devrait s'abstenir d'influencer les choix, la liberté de la presse et la liberté d'enseignement devraient être accordées à toute personne capable, qui respecterait la morale et la probité ; afin que les pères de famille aient la faculté de choisir les professeurs qui leur inspireraient le plus de confiance pour l'éducation de leurs enfants (1). Si ces principes sont loyalement mis en pratique, sans arbitraire, sans exclusions, sans esprit de parti, tous se rallieront à la République ainsi comprise ; alors nos maux seront oubliés, car l'adversité aura retrempé les âmes en leur inspirant l'esprit de sacrifice, l'égoïsme sera vaincu et la nation régénérée, surtout si la République n'ouvre pas la porte à la licence.

La licence pour personne.

Quant au rôle de l'Eglise dans la société moderne, si l'on peut lui demander avec justice d'être la sauvegarde des mœurs et de faire l'éducation des consciences, les gouvernements laïques ne doivent-ils pas lui en faciliter les moyens, en n'exposant pas les citoyens à de trop fortes tentations ? en combattant l'immoralité, non-seulement dans les faits, mais encore dans les images, sous quelque forme qu'elle se présente, soit au théâtre, soit dans la littérature, soit dans les musées. Malheureusement, la Capoue moderne a produit les fruits auxquels on devait s'attendre ; des jouissances malsaines de tout genre, ont fait oublier le devoir à beaucoup d'individus, et ont facilité l'entrée de l'ennemi chez nous, puisqu'à ses nombreux espions il a pu ajouter l'aide de traîtres, vendant leur pays pour un peu d'or, afin de se procurer ce luxe effréné, justement signalé par le Saint-Père, comme l'une des plus graves causes de nos malheurs actuels !

La *Semaine religieuse* s'exprime ainsi :

« Les dames de Lyon, dit-elle, se sont réunies pour pro-
« mettre à Notre-Dame de Fourvières de renoncer pour tou-

______
(1) Il ne devrait pas être permis à Garibaldi de chasser les jésuites chez nous, comme s'il avait été appelé à être le dictateur de la France.

« jours à ces costumes indignes de femmes chrétiennes, à ces
« coiffures si peu modestes, avec lesquelles elles viennent à
« l'église recevoir celui qui pour nous a été couronné d'é-
« pines ! »

Les femmes modestes vont enfin cesser de s'habiller comme
des comédiennes. A Paris, elles ont déjà commencé la transformation de leurs toilettes. — Plut à Dieu que les hommes
s'engageassent aussi à ne plus fréquenter les cafés, et les ou-
vriers les cabarets, d'où ils ne sortent qu'abrutis, où ils per-
dent leur raison et leur conscience!... Sous ce rapport, la
liberté est devenue de la licence, et ce serait au gouvernement
de chercher les moyens d'y remédier (1), puisque cette licence
démoralisatrice pourrait aujourd'hui entraîner la perte de la
France.

Depuis la terreur de 93, les Français ne sont pas d'accord
sur la manière d'exercer et d'entendre la liberté, ils ont
exprimé leur opinion sur ce qui s'est passé dans nos essais de
République par ce refrain :

> L'égalité dans la misère,
> La fraternité de Caïn,
> La liberté de mourir de faim
> Est ce que promet Ledru-Rollin (2).

Quant à l'égalité, comment pourrait-elle être complète?
Jésus a dit : « Il y aura toujours des pauvres parmi vous. »
En effet, nous ne naissons pas égaux ; l'un naît fort, intelli-
gent, il devient laborieux, acquiert du talent, est économe,
conservateur. L'autre naît peut-être faible, maladif, paresseux
dissipateur, les résultats ne peuvent être les mêmes. L'éga
lité ne peut être réclamée avec justice que devant la loi. — Il

(1) On sait que l'immoralité s'est accrue dans la même proportion que l'exten-
sion des cabarets a été autorisée.

(2) Si Prudhon a voulu prétendre que la propriété est le vol, M. Thiers lui a
prouvé qu'elle était le fruit du travail.

en est de même de la fraternité; beaucoup voudraient en recueillir le bénéfice, que leurs frères fissent tout pour eux; ils se chargeraient de dépenser ce que ceux-ci auraient gagné; mais ne feraient rien pour les autres.

Quant à la liberté, on a tellement abusé de ce mot, qu'il n'exprime guère plus que l'insatiable ambition des incapables, enviant les honneurs, les richesses qu'ils n'ont point et cherchant à renverser tout gouvernement dont ils ne font pas partie; mais ils ont soin de recouvrir toutes ces passions honteuses, de mots sympathiques aux masses. On ne peut donc plus juger les hommes sur leurs paroles, il faut des actes qui les fasse connaître.

CHAPITRE V.

Considérations sur la position actuelle de la France.

Pourquoi la guerre continue-t-elle, à l'égard d'un peuple qui ne la voulait pas, avec une férocité dont les annales de l'histoire n'offrent aucun exemple. M. Thiers n'a-t-il pas fait connaître le traité secret antérieur à la guerre, signé par les puissances neutres, s'engageant à préserver la nation vaincue de tout démembrement? Quel intérêt a donc le roi Guillaume à brûler nos villages (1), à dévaster nos campagnes, à tuer nos paysans? Est-ce Dieu, qu'il invoque à chaque instant, qui ordonne cette froide cruauté, qui va jusqu'à massacrer les femmes et les enfants dans les églises! lorsque son peuple lui-même souffre cruellement de cet état de choses qui le plonge dans la misère aussi bien que le nôtre? On ne peut croire qu'il veuille obliger la nation française à recevoir Napoléon III, qui deviendrait dès lors son vassal, encore bien que plusieurs personnes aient prétendu avoir reconnu l'ex-empereur à Versailles dans la calèche du roi Guillaume. Les

(1) Les prisonniers prussiens ont dit que s'ils enduisaient nos maisons de pétrole afin d'y mettre le feu, ils agissaient d'après des ordres supérieurs.

deux souverains ont assez d'esprit pour comprendre que la France ne consentirait jamais à rester dans la dépendance de la Prusse. (1) Le roi Guillaume a-t-il passé un traité avec le czar pour le laisser s'emparer de la mer Noire et peut-être de Constantinople, pendant que lui, courberait la France sous sa loi et en resterait le souverain réel, ayant pour vassal Napoléon III? Nous espérons que non.

La levée en masse.

Sans doute, après avoir fait notre armée prisonnière, notre levée en masse n'effraie guère le roi Guillaume. « Comment, « se dit-il, de jeunes mobiles, qui n'ont pas été élevés en pré- « vision de la guerre, comment des pères de famille, qui n'ont « jamais servi dans l'armée, comment des avocats, des mé- « decins, des jurisconsultes, des littérateurs, pourraient-ils « avoir cette ardeur guerrière, nécessaire au succès des ba- « tailles? comment leurs chefs pourraient-ils être d'habiles « généraux? » On lui a dit que nos mobiles, arrachés à leurs travaux, sont envoyés dans les villes où l'on ne craint pas l'ennemi; que là, ils fréquentent les cabarets et se démoralisent par l'oisiveté ; que si parfois ils sont appelés à la rencontre de l'ennemi, étant inférieurs en nombre et en artillerie, ils sont forcés de se replier, que leurs essais infructueux ont été souvent préjudiciables aux paysans, lesquels préféraient ne pas être défendus, dans la crainte des vengeances des Prussiens, qui incendient les fermes et les villages pour peu qu'on leur résiste. En effet, le *Petit Moniteur* du 8 novembre constatait que la première levée de mobiles n'était pas encore complètement organisée, qu'elle n'était ni habillée, ni armée, qu'elle manquait de chefs et d'artillerie. Cette infériorité de la défense, prévue depuis le désastre de Sedan, a-t-elle pu faire

(1) Nous nous refusons à croire que Napoléon ait pu dire au roi Guillaume, en apprenant l'inauguration de la République en France : « Maintenant, sire, nous « avons les mêmes ennemis à combattre. »

naître l'idée à la Russie et à la Prusse de s'associer pour se partager l'Europe? mais elles auraient oublié que l'Angleterre était encore assez puissante pour s'y opposer, car en aidant la France à se débarrasser de l'étreinte prussienne, elle pourrait en faire une alliée qui l'aiderait à son tour à triompher de la Russie, quand ses 300,000 prisonniers auraient été délivrés; le roi Guillaume l'a deviné et s'est de suite posé comme conciliateur du différend russe. Toutefois, depuis la reprise d'Orléans, nos provinces dévastées reçoivent des secours puissants, et les rôles vont peut-être bientôt changer.

La victoire que notre armée vient de remporter sous les murs de Paris les 29 et 30 novembre doit nous confirmer dans cette espérance.

Nous nous demandons néanmoins comment l'Autriche ne profite pas de l'absence des troupes prussiennes pour reprendre ses provinces, pourquoi le Danemarck ne reprend pas le Holstein? et la Pologne ne tente pas de se reconstituer?

Considérations sur la position actuelle de la France.

Le *Nouvelliste* du 26 novembre publie un article inséré dans le *Gaulois* du 16 novembre, ainsi conçu. Lord Lyons, dans sa conférence avec M. de Bismark, lui aurait dit : « La France « n'est point anéantie comme vous le croyez, il ne faut qu'une « victoire pour la réveiller tout-à-fait; et qui sait alors où la « République promènera sa victoire? Si la crainte du drapeau républicain n'était si grande, vous auriez depuis long- « temps l'Europe contre vous. » Si ces paroles sont bien celles que lord Lyons a prononcées, elles expliqueraient l'attitude de l'Europe à notre égard, ainsi que la trahison de plusieurs généraux, qui n'auraient pas reconnu la République. — Ne serait-il pas dès-lors regrettable que le Gouvernement de la défense nationale ne se soit pas uniquement occupé de repousser les Prussiens, laissant de côté la politique? Son empressement à proclamer la République, à changer les fonctionnaires administratifs, a pu donner lieu aux soupçons de l'Europe, d'avoir cédé plutôt à des vues personnelles qu'à l'intérêt réel de la France puis, le drapeau rouge ayant été arboré dans plusieurs villes du Midi, a pu faire craindre que l'anarchie révolutionnaire ne gagnât tous les peuples ; mais pendant cette lutte à mort, les deux peuples souffrent énormément, pourquoi l'Europe attend-elle que l'une des deux nations soit vaincue pour intervenir ? pourquoi le Gouvernement ne provoque-t-il pas de suite un plébiscite qui lui confie la mission de négocier la paix, de concert avec les puissances, puisque celles-ci se sont engagées à ne pas sanctionner une diminution de territoire quelconque pour la nation vaincue ?

Les sociétés de francs-maçons, au lieu de mettre le roi Guillaume hors la loi, ne pourraient-elles, pas soulever les Allemands, engager l'Autriche à reprendre ses provinces, lés Danois le Holstein , et tâcher de délivrer les Polonais ?

Appréciations diverses sur les moyens de mettre fin à la guerre.

Nous lisons dans la *Patrie* du 13 novembre, M. Paul Delavergue émet l'idée suivante dans le *Journal de Vienne* :

« Dans l'état de notre pays, la brusque nomination d'une
« assemblée nationale serait peut-être dangereuse, les luttes
« d'opinions d'hommes viendraient compliquer une situation
« déjà bien embarrassée. Ne pourrait-on pas soumettre à la
« France le plébiscite suivant ? — La France nomme pour
« traiter de la paix avec l'Allemagne, MM. Jules Favre, Thiers
« et Trochu ; elle leur lègue ses pleins pouvoirs. Si l'on vou-
« lait cinq membres, on pourrait leur adjoindre MM. Gam-
« betta et Garnier Pagès ou Crémieux, afin que toutes les
« opinions fussent représentées. »

La *Patrie* constate que depuis un mois et demi nous avons organisé 400,000 hommes, soit 8,000 hommes par jour. « Il

« faut, dit-elle, que nous soyons vainqueurs ou la France est
« perdue!... Il n'y a pas d'illusion à se faire, il n'y a plus de
« paix à négocier, l'ennemi nous tient le pied sur la gorge,
« prêt à nous frapper de son épée. » S'il en est ainsi, on a le
droit de s'étonner que les puissances spectatrices de cet
assassinat ne s'interposent pas pour séparer les combattants,
protéger de leurs armes le ravitaillement de Paris, afin de
rendre possibles les négociations, lesquelles ne peuvent avoir
lieu tant que l'épée de Damoclès est suspendue sur la tête
d'une des parties ; ce qui n'empêcherait pas nos diplomates de
chercher pour l'avenir, les moyens d'empêcher d'aussi terribles guerres par des lois internationales, réglant les droits des
nations.

Le *Petit Moniteur* du 14 novembre constate le changement
qui s'est opéré en notre faveur dans l'organe du *Times*. Le
journal anglais s'exprime ainsi : « Nous ne pouvons voir sans
« terreur la capitale *du monde civilisé* menacée de compter
« dans ses murs des centaines de mille victimes mortes de la
« faim Il n'est pas trop tard, le bombardement ne peut avoir
« lieu avant quinze jours et le roi de Prusse hésite à en donner
« l'ordre (1). Les prétentions de l'Allemagne sont inadmissi-
« bles, l'Alsace et la Lorraine ne sont pas allemandes et ne
« veulent l'être à aucun prix. On ne peut tolérer cette ma-
« nière barbare dont la Prusse voudrait disposer d'hommes
« libres. » Le *Times* va plus loin, il veut obliger l'Angleterre
à intervenir et à ne pas laisser se prolonger davantage la lutte
sanglante dont la France est le théâtre. Plusieurs villes d'Allemagne protestent aussi contre cette manière inhumaine de
faire la guerre. (Lorsqu'on reproche aux prisonniers prussiens
d'incendier nos villages, ils disent n'agir que d'après des or-

(1) Ne serais-ce pas la déclaration du czar de ne pas observer le traité de 1856
et la crainte d'une intervention des neutres en notre faveur qui le ferait hésiter à
donner cet ordre? — Nous lisons aussi que plusieurs régiments bavarois mettent
bas les armes et que leurs colonels louent des maisons, ne s'étant, disent-ils, en-
gagés que pour trois mois.

dres supérieurs.) — On le voit, l'opinion nous redevient favorable, le peuple anglais se manifeste en notre faveur, et le ministère, s'il lui résiste, pourrait être renversé ; mais la sympathie de l'Europe ne suffit pas, il faudrait l'action, l'intervention active et prompte, pour arrêter les massacres et les incendies dans nos provinces.

Le *Nouvelliste* du 29 novembre est d'avis que le traité de 1856 soit soumis à un nouveau congrès européen, dont l'examen porterait sur l'ensemble de la situation générale. « Si l'Angleterre réclame notre concours, dit-il, ne le lui accordons « que si elle nous envoie des troupes pour nous délivrer des « Prussiens, les chasser jusqu'en Alsace et entraîner dans une « action commune l'Autriche et le Danemark. »

Le *Standard* avait dit : « Une alliance entre la Prusse et la « Russie nous obligerait à faire cause commune avec la « France. Pour conserver le traité de 1856, il faudrait délivrer avant tout le territoire français, dégager les armées de « la France, se porter vers Paris, où ce traité a été signé. »

M. Renan, dans un article du journal des *Débats*, dit que l'élection d'une assemblée nationale est indispensable pour sauver la nation.

Il demande aux électeurs d'oublier provisoirement toutes les divisions de parti. « Les légitimistes et les cléricaux de « l'Ouest, dit-il, nous ont donné un bel exemple ; ils doivent « avoir peu de sympathie pour le Gouvernement sorti de la « révolution du 4 septembre, et pourtant ils ont pris bravement les armes. Ils servent ce gouvernement pour la chose « essentielle, qui est la défense nationale ; toutes les fractions « du parti républicain n'ont pas montré la même abnégation. « — Pour la nomination de l'assemblée nationale, il ne doit y « avoir aucune distinction entre les royalistes, les impérialistes, les cléricaux ou les républicains. Vous vous diviserez « après si vous le voulez. — Républicains, laissez le petit « nombre d'aristocrates qui existent encore, vous tirer de la

« détresse où vous êtes; plus tard vous vous vengerez d'eux,
« en les excluant des conseils électifs. Il faut en ce moment
« des hommes d'élite par l'esprit et le cœur; qu'on souffre ce
« privilège qu'ils ne réclament qu'au moment du danger. —
« L'assemblée aura pour mission de traiter avec un gouver-
« nement essentiellement aristocratique qui admet la supé-
« riorité de la naissance et du savoir; acceptez pour un mo-
« ment son aide puissante, quand nous serons sortis de la
« guerre, vous reprendrez vos droits. »

Progrès de l'Eure du 4 décembre, *Appel fraternel aux
Allemands* :

« Allemands, le roi de Prusse vous fait faire une guerre
« atroce, sauvage et criminelle à la France.

« Vous avez quitté votre patrie, vos familles, qui sont rui-
« nées et que vous ne reverrez plus, puisqu'on vous fait périr
« par milliers sans profit pour vous sur la terre étrangère. —
« Allemands! avant d'être les soldats du roi Guillaume, vous
« êtes des citoyens, des fils, des époux, des pères. — Cessez
« donc de vous-mêmes cette guerre infâme. — Assez de sang
« innocent, allemand et français, a arrosé la terre ravagée. —
« Allemands! déposez les armes entre les mains des Fran-
« çais, vos frères; cessez de vous faire tuer pour l'ambition
« criminelle d'hommes, qui sont cause de la ruine de ces
« deux grandes nations sœurs : la France et l'Allemagne. (1)

« BOUÉ (de Villiers), citoyen français. »

Appréciation du Times sur la guerre actuelle.

« Nous assistons maintenant à une guerre de conquête, car
il serait dérisoire d'appeler autrement cette guerre que pour-
suivent un vieux roi fanatique et son cabinet militaire, non
pas contre l'empereur Napoléon, mais contre des citoyens,

---

(1) Nous croyons, comme le citoyen Boué, de Villiers, que son appel à la fraternité du peuple allemand est le meilleur moyen de terminer la guerre, qui fini-
rait ainsi faute de combattants.

des femmes, des enfants, contre les demeures d'un peuple
innocent de cette guerre. Beaucoup d'officiers prussiens commencent à considérer le siège de Paris comme une grande
erreur. Le prince héritier et le comte de Bismark commencent
à regretter de l'avoir entrepris Bien d'autres encore le re-
gretteront sous peu. »

La France est affligée de plusieurs maladies.

Si la déclaration de la Russie annonçait de sa part l'intention de faire de la mer Noire un lac russe et de s'emparer de
Constantinople, elle réaliserait les prévisions du protestant
anglais dont nous analysons l'ouvrage. L'Angleterre ne con-
sent pas à l'abrogation du traité de 1856. Mais le roi Guillaume se dépêche de se poser en conciliateur de ce différend,
car le *Post* dit : « Que pour conquérir l'alliance de la France,
« les neutres doivent lui prêter assistance et faire signer une
« paix qui la laisse intacte. » Les conseils municipaux de plusieurs villes ont envoyé au Gouvernement leur adhésion pour
qu'il traite de la paix ; que toutes les villes de France en fas-
sent autánt, le roi Guillaume trouvera-t-il encore ces adhé-
sions insuffisantes ?

Rendre la paix à la France par un traité, ou chasser les
Prussiens par la force des armes, sera sans doute détruire la
principale cause de nos maux ; mais notre malheureuse Patrie
est affligée de plusieurs maladies, il faut qu'elle se régénère
au contact des nobles caractères, tels que ceux de M. de Ca-
thelinau, M. de Charette, sachant concilier leur devoir envers
Dieu et envers la Patrie Que les beaux exemples donnés par
nos évêques (1) soient suivis de tout le clergé, afin que les
préventions des faux patriotes, contre lui, tombent devant

(1) C'est Mgʳ l'évêque d'Alger qui donne la moitié de son traitement pour les
victimes de la guerre, ses ornements d'église pour soulager la misère de l'Alsace ;
c'est Mgʳ l'évêque d'Angers qui engage les séminaristes à entrer dans l'armée ;
c'est Mgʳ l'évêque de Tours qui accorde son hospitalité à un Israélite ; c'est
Mgʳ Dupanloup qui obtient la grâce des victimes condamnées par l'ennemi et

les services qu'il rend à la Patrie en danger, et qu'il lui rendra pendant la paix, en s'occupant spécialement de rétablir dans les masses les bonnes mœurs, ainsi que les principes du droit et du devoir, tels que l'enseignaient nos anciens philosophes. « Les premiers devoirs sont dûs à Dieu, les « deuxièmes à la Patrie, les troisièmes à la famille *(deinde* « *gradatim reliquis)* et ensuite par gradation aux autres. » (1) On écrit de Genève à l'*Union :*

« Mg* Mermillod s'emploie du matin au soir au service des « êtres souffrants sous toutes les formes. Il console les émi- « grants par de remarquables homélies qu'il prêche chaque « dimanche. Il fonde des œuvres pour les prisonniers fran- « çais en Allemagne, des comités de secours pour les blessés, « etc. » Mg* Darboy a mis toutes les maisons d'éducation religieuse à la disposition des blessés, les jésuites ont ouvert leurs maisons pour les recevoir et les soigner eux-mêmes; ce ne sont plus les fonctions, ni les opinions qui classent aujourd'hui les individus, mais le dévouement, l'abnégation, la charité! Que les ennemis du clergé s'efforcent donc de le surpasser en vertus!

La dictature de la iue.

Le Gouvernement a triomphé des émeutiers de la rue, voulant établir la commune révolutionnaire ; mais si les ultra-radicaux venaient à l'emporter et vinssent dire : Que Paris soit brûlé, que des millions d'hommes, de femmes et d'enfants meurent de faim, plutôt que de céder un pouce de terrain ou une pierre de nos forteresses, plutôt que de laisser à la nation le choix de son gouvernement et la faculté de transiger avec l'ennemi; nous croyons que *Salomon* ne lui aurait pas adjugé l'enfant, comme en étant la vraie mère, et qu'il appartiendrait

des adoucissements pour la ville, c'est Mg* de Bauër, qui combat dans l'armée à côté du général Ducrot.

(1) *Scelecte de viris illustribus.*

peut-être, à l'Europe, de désigner cette mère pour la rendre à la France, si elle l'aidait à sortir de la position périlleuse dans laquelle elle se trouve ; mais entre les exigences du vainqueur et les refus du vaincu, n'y a-t-il donc aucune conciliation possible? Dans une lettre adressée au *Courrier de la Gironde*, M. Parieu s'exprime ainsi : « La lutte entre la Germanie et la « Gaule dure depuis dix-huit siècles. L'espace compris entre « la Meuse et le Weser, a été le champ de bataille le plus dis- « puté dans l'histoire du monde.

« Quel beau jour, celui où la diplomatie obtiendrait que les « points si importants de cette zone si souvent ensanglantée, « fussent déclarés neutres! alors on pourrait réduire les états « militaires de l'Europe! Quels progrès pour la liberté poli- « tique et la vraie civilisation. » (1)

Emancipation des peuples par l'initiative de la France.

Ne serait-il pas digne de la France de donner l'exemple d'une générosité encore inconnue dans les fastes de l'histoire, celle de favoriser et d'opérer l'émancipation des peuples? rendre l'Alsace et la Lorraine à elles-mêmes, ne serais-ce pas faire un cadeau à l'Europe? et préparer la paix du monde si cet exemple était suivi des autres souverains de l'Europe, qui peut-être, ne voulant pas se laisser vaincre en générosité, rendraient la liberté aux peuples conquis par la force des armes, tels que ceux de la Pologne, des états du Pape, etc. Le congrès international poserait la question aux peuples, qui décideraient par le suffrage universel, à qui ils veulent appar-

(1) La *Patrie* du 11 novembre annonce que le roi Guillaume a été mis hors la loi par les francs-maçons, — elle dit que Bonaparte a entrepris la guerre d'Italie pour se relever de l'excommunication prononcée contre lui par les loges de Naples et de Milan; que Pianori et Orsini étaient des francs-maçons. Nous avouons ne pas aimer cette manière de procéder par l'assassinat; nous préférerions voir les francs-maçons faire de la propagande républicaine en Allemagne et tâcher de rendre la liberté aux malheureux Polonais.

tenir ou s'ils veulent rester neutres. Nous sommes bien sûrs que l'Alsace et la Lorraine voudraient rester françaises.

Nous croyons, comme M. de Maistre et comme le protestant anglais, dont nous avons analysé l'ouvrage, que pour opérer une réforme morale aussi complète, pour abolir des usages aussi anciens que le monde, l'aide de la religion est indispensable, et qu'elle serait d'autant plus efficace, qu'elle parviendrait à se fusionner dans l'unité C'est l'objet de notre appel à l'honorable M. Crémieux, dans la seconde partie de notre opuscule, intitulé : *Le Règne de Dieu sur la terre.*

Serions-nous donc arrivés, oh mon Dieu ! à ces temps de calamité annoncés dans l'Evangile, comme si terribles et dépassant tout ce qu'on avait pu voir jusqu'ici et tout ce qu'on pourra voir par la suite? — Vous nous dites, il est vrai, Seigneur, que ces temps seront abrégés à cause des élus; vous ajoutez, oh Jésus ! que vous enverrez Elie (1) pour remettre les pères avec les enfants, de peur qu'en venant vous ne frappiez la terre d'anathème. Oh ! dépêchez-le vite vers nous, qu'il reconcilie les hommes entre eux, qu'il anéantisse les haines, qu'il fasse de la France un peuple de frères, qu'il essuie les larmes des victimes et que tous nos maux soient oubliés ! ce sera la fin du monde mauvais, précédant la régénération de l'humanité ou le règne de Dieu.

Fragment d'une lettre pastorale de Mg^r Grolleau.

En terminant la première partie de cet opuscule, nous recueillerons quelques fragments de la magnifique lettre pastorale de Mgr Grolleau, évêque d'Evreux, à l'occasion des malheurs de la France et de l'Eglise.

« Au spectacle des évènements qui se déroulent sous nos yeux, dit Monseigneur, cherchons un enseignement. Des catastrophes inouïes tombent sur nous. Devant la profondeur du

(1) Esprit-Saint.

mal, demandons-nous quelles en sont les causes. — Qui nous expliquera ces revers, et ce subit renversement de tant de forces, de tant de prospérité, de tant de gloire? faut-il en voir la cause unique dans la puissance de nos ennemis, dans la sagesse de leurs conceptions, dans l'habileté de leurs plans, dans la science de leurs chefs, ou dans la discipline de leurs soldats? Faut-il en chercher la raison au milieu de nous, dans des imprévoyances fatales, dans l'abaissement des caractères, ou dans d'odieuses trahisons? L'avenir éclairera de sa lumière les points obscurs et sondera ces mystères. Assurément les évènements de la vie trouvent dans une large mesure leur explication et leur cause, dans l'action de l'homme; la sagesse ou l'impéritie de ses actes ont leur poids et leur valeur; mais si les évènements de ce monde sont l'œuvre de l'activité, de l'intelligence et de la volonté de l'homme, ils sont aussi le résultat de l'action de Dieu. »

« Dieu veille à son œuvre, s'associant l'homme, il travaille avec lui, préside à ses conseils, inspire ses desseins, redresse ses erreurs, soutient ses faiblesses, et c'est par le concours harmonieux de ses deux grandes forces, que les individus, comme les nations, atteignent leur complet développement et accomplissent leurs grandes destinées. — Que cette harmonie divinement établie soit rompue; qu'une nation, dans l'indépendance de ses lumières, dans l'orgueil de sa puissance, vienne à se croire assez forte pour se passer de Dieu, le rejette de son sein par ses paroles, sa conduite privée et ses actes publics, Dieu se retire; alors quel spectacle! les lumières se troublent, les projets qui paraissent le mieux conçus échouent, les conseils sont en désaccord; des incidents imprévus surgissent, les volontés sont impuissantes, les lâchetés et les perfidies frappent leurs coups dans l'ombre, on voit alors tout faiblir, vaciller, se dissoudre, tomber enfin, et ainsi s'amoncellent ces grandes ruines que le temps garde à l'avenir étonné, et dont les échos redisent à qui veut les entendre : « Dieu n'é-

tait plus là ! » Ayons le courage de nous le demander, N. T.
C. F. La France se trouve-t-elle en ce moment sous l'influence
de cette loi providentielle? Chercher dans la douleur de mon
âme le secret du mal qui la dévore, pour y trouver le remède
qui doit la guérir, n'est-ce pas servir avec amour ma patrie et
accomplir un acte éminemment français? or, nous constatons
avec douleur que la France a essayé de toutes manières à se
passer de Dieu, dans l'enseignement, dans les lettres, dans les
arts, dans ses fêtes, l'impiété n'a-t-elle pas étalé ses doctrines
au grand jour? Quelle place est restée à Dieu dans nos institutions, dans notre politique, dans nos lois? qu'est devenue la
loi de la sanctification du dimanche? où n'est-elle pas violée? (1) combien en est-il qui prient Dieu et observent les
commandements? « Dans la série de catastrophes et de hontes
« qui s'est prolongée pour nous du 2 août au 1ᵉʳ septembre, je
« reconnais un châtiment, s'écrie une revue célèbre (ordinai-
« rement, hélas! trop peu chrétienne) [2]; or, la question su-
« prême est de savoir si maintenant que Paris est bloqué, la
« justice divine se tient pour satisfaite, si nos faiblesses et nos
« servilités, notre incurie et notre suffisance, nos corruptions
« et notre orgueil, ont reçu toute leur punition, et si la main
« du juge est lasse de frapper.

    « Cette cause suprême de nos malheurs reconnue, que fe-
rons-nous, N. T. C. F.? Quel remède efficace et radical pourra
nous sauver? évidemment ce sera notre retour sincère vers
Dieu. Loin de nous, de vouloir arrêter les énergies de la
France, son opiniâtre résistance, ses suprêmes efforts; cette
lutte dans la délivrance de la Patrie, Dieu l'exige et la bénit;
mais nos efforts n'obtiendront le succès désiré qu'à la condition que Dieu soit avec nous, et nous prête le concours de sa

(1) L'ouvrier qui travaille le dimanche, passe ordinairement la journée du lundi
au cabaret.

(2) *Revue des Deux Mondes* du 15 octobre.

puissance. Trois choses ont marqué spécialement notre séparation de Dieu, dit-il ; la violation du repos du dimanche, la non assistance au saint sacrifice de la messe, et l'omission du grand devoir pascal. »

Après avoir mis en évidence les fautes de la France, Mg^r fait ressortir la culpabilité de l'Italie qui par l'envahissement de Rome, a violé le plus saint des droits envers le chef de l'Eglise universelle et la catholicité tout entière. « Il suffit, dit-il, d'une conscience honnête pour juger que toutes les notions du juste et de l'injuste, de l'honneur et de l'infamie, de la loyauté et de l'hypocrisie, de la propriété et du vol, ont été ici confondues. »

« Ces notions sont néanmoins les principes élémentaires qui forment la base des sociétés, comme la règle immuable de toute conduite privée. — Le catholicisme inspire, consacre et bénit l'amour de la Patrie ; le vrai patriotisme ne peut être son adversaire. — Nous supplions le Seigneur de soutenir la cause de l'Eglise et celle de la France : qu'il rende au Saint-Père l'héritage que lui ont fait les siècles ; qu'il donne à notre chère Patrie, relevée de ses ruines, la victoire, la paix, l'ordre et la liberté ! »

FIN DE LA PREMIÈRE PARTIE.

ERRATA.

—

Observations sur l'appel d'un protestant au Pape.

Page 21. — L'auteur dit que l'Angleterre accorde sa coopéra·
tion à la Russie; néanmoins la guerre qu'elle lui a faite
avec le secours de la France en 1856 contredit cette affir-
mation.

Page 24. — En parlant du Pape, lisez : Intention insidieuse
de le priver de sa souveraineté (au lieu de la priver).

Page 26. — L'auteur dit que la Russie est maitresse du Danemarck; nous pensions que le Holstein avait été conquis
par la Prusse, qui seule en profitait, à moins d'un traité
secret entre les deux nations.

Page 9. — Erreur de l'intitulé. Lisez : Nécessité d'une juridiction internationale pour juger les différents entre les nations, reconnue par lord Nordwarter.

Page 11. — Ce même intitulé, nul.

Page 41. — Lamennais dit : « Que celui qui craint ou désire
quelque chose n'est pas libre, qu'il y a là un point où
l'on peut attacher une chaîne. » Nous pensons qu'il veut
parler des craintes et des désirs qui ont pour objet les
sensualités ou les convoitises des richesses et des honneurs. Lamennais ne dit pas jusqu'où il entend démolir
l'ancien édifice, s'il veut reconstruire à neuf et sur quel
terrain il croit plus solide de bâtir. (Pages 49 et 50.)

APPENDICE

Pourquoi Dieu permet-il le triomphe momentané de l'injustice sur la terre ?

C'est afin d'obliger l'homme à établir la justice dans ses lois, ses institutions, sa vie privée et publique, dans sa famille, et entre les nations, en voyant les conséquences terribles qu'entraîne l'injustice. Chaque nation a déjà senti la nécessité d'établir des tribunaux pour assurer l'ordre dans l'état pour punir les malfaiteurs, les retrancher de la société qu'ils troublent. Il fallait qu'une guerre désastreuse vînt démontrer que les garanties prises contre l'injustice des nations, les unes envers les autres, n'avaient pas été suffisamment assurées, car il n'y a que l'expérience qui puisse démontrer la nécessité d'un règlement. De même, une partie des fléaux terrestres peuvent être prévenus par la science (1), et forcent l'homme à perfectionner sans cesse ses moyens de préservation ; c'est ainsi que par degrés l'habitation terrestre prendra le rang supérieur qui nous a été annoncé pour l'époque du règne de Dieu, lorsque le loup et l'agneau joueront ensemble, que les animaux féroces se seront adoucis et ne ravageront plus dans les forêts ; lorsqu'il n'y aura plus ni oppresseurs ni victimes !... (On sait que l'homme peut apprivoiser et même perfectionner l'animal par une éducation appropriée à son usage.) Si Dieu n'eût pas accordé à l'homme la liberté de ses actes, il n'y aurait eu dans ses actions ni crime ni vertu, il aurait subi la pression divine comme une machine esclave, tel n'a pas été le but du Créateur ; saint Paul a dit : Nous deviendrons des

(1) Aux dernières inondations si terribles de la Loire et du Rhône, la nécessité de reboiser les montagnes avait été démontrée, et un système de réservoirs, dans lequel le trop plein de l'eau entrerait au moyen d'écluses, avait été proposé ; on sent combien cette réserve serait précieuse pendant les sécheresses.

Dieux (anges). Or, la conséquence naturelle de la liberté de ses actes est l'abus ; la conséquence de l'abus est la souffrance, l'injustice, la tyrannie ; la souffrance qu'entraîne l'abus est donc le moyen d'opérer la guérison et de réformer les actes illicites. N'accusez-donc pas Dieu de permettre l'injustice, il faut que la réforme vienne de l'initiative de l'homme, qu'il se perfectionne lui-même et la société avec lui, par l'expérience qu'il acquiert à ses dépends.

On lit dans le *Court-Journal* du 3 décembre :

« Le prince royal de Prusse ne cache nullement son désir de la paix ; il est d'opinion que la guerre aurait dû se terminer aussitôt après la capitulation de Sedan et que les *razzia* dans le centre de la France sont un crime, et ce qui est pis, une erreur.

« Le prince ayant appris un des derniers incendies allumés par les Prussiens, a vivement reproché à M. de Moltke sa barbarie, lui disant : « Vous faites de ceci une guerre, non contre la France, mais contre la civilisation. » (1)

Que dirait le prince s'il savait comment se font ces *razzia ;* après les réquisitions de chevaux et de bestiaux, viennent les vols dans les maisons particulières, d'objets de toute nature, linge, vêtements d'hommes, de femmes, d'enfants, pendules, montres, argenterie, qui sont emportés dans de grandes voitures jusqu'en Allemagne. C'est un pillage organisé sur une grande échelle.

M. Guizot vient de faire paraître un ouvrage dans lequel il représente au Gouvernement provisoire quelle responsabilité il prend sur lui, en ne convoquant pas une chambre, qui ait les pouvoirs de traiter de la paix. — En effet, Paris ayant été ravitaillé, il semble que rien ne devrait plus s'opposer à cette mesure de salut.

(1) Le prince n'a-t-il donc pas d'influence dans le conseil ?

TABLE.

AVANT-PROPOS.